JN108685

貪欲美人ちゃん

峰なゆか

扶桑社

貪欲美人ちゃん

峰なゆか

扶桑社

はじめに

「かわいいね！」と言われて「ありがとう！」と返事したら、「うわぁ〜。自分のことかわいいって思ってるんだぁ〜〜〜!!」「そういえば峰さんってぶりっ子だよね〜」「そんなんしても全然かわいくないのにねー！　クスクス！」と、集団で揶揄《やゆ》される文化が確かにあった。平成初期、私が小学生の頃だ。「かわいいね！」と言われたら、「えー！　全然そんなことないよ！　私なんてブスだよ！　ブスブス!!」と一生懸命否定しなくてはならない鉄の掟《おきて》。「かわいい」は罪だった。

そのあとにすべてを覆すようにやってきたのが、モテブームだ。数年前までは、そんなこと口に出したら死刑確定だった「モテたい!!」が大きな声で言えるようになった。「スカートをはいている」という理由だけでクラスメイトをいじめていた女子たちは、みんな手のひら返ししてゆる巻き髪に揺れるピアスをつけて、常にグロスを塗り直していた。こうなると次は「非モテ」が罪になってくる。プリクラ帳にブスが紛れ込んでいたら恥でしかないし、合コンに青文字系ファッションの女子なんて連れて行ったら男子からの評価が下がって、次の合コンのメンツのグレードを下げられてしまう。モテる女友達の中にいることがステータス。なので、いわゆるエビちゃん系モテ以外の女子は、スクールカースト高め女子から疎外されていた時代もあった。

そして現在。何度見てもギョッとしてしまうのだが、下まぶたを巨大ナメクジにしている子もいれば、整形手術にいくらかけたか自慢する小顔の超美女もいれば、筋トレしてプロテイン飲んでインスタで腹筋を見せびらかす子、ぽっちゃり体形のビキニを自撮りしてフォロワー集める子もいて、それらがすべて罪じゃない。カワイイ警察も、非モテ取り締まり部隊もいない。「それ男ウケ悪いよ?」などとありがたい忠告をしてくるカス男も、ようやっと絶滅してくれた。ああ自由! 私たちはやっと自由に、カワイイもオシャレも美しいも手に入れることができるようになった。

そして、自由に好き放題できるようになったからこそ、世は美容戦国時代へと突入した。もう周りの女子たちの目を気にせず美容に励めるし、男ウケなんて考えずにコーディネートできる。そこで、あっちには20代にしか見えない40代がいて、こっちには70キロから42キロに激痩せした子、そっちには気軽に韓国へ骨切り整形をしにいく子がいて……ああ!! 化粧水と乳液だけ塗ってボサッとしている場合じゃないんだ、私よ!! 加齢という名の宿敵のライバルと戦いながらも、カワイイもオシャレも美しいも手にしたい!! 貪欲だなんて、褒め言葉。どこまでも欲深く生きていく私の人生航海記が今、始まるー……!

CONTENTS

PART 1 BEAUTY

寝ても覚めても美容が命！

1 引き算で叶える令和フェイス 010
2 男っぽメイクの先に広がる景色 016
3 金髪おじさん、派手髪お母さんの誕生 022
4 鏡に映った国民的人気キャラクター 028
5 自分アゲの真骨頂？ 骨から見るメイク 034
6 ここまできたか！ 眉毛なし眉毛の台頭 040
7 ズバリ聞いてみた！ 賢い整形のススメ 046
8 手元美人はいばらの道？ 052
9 時は金なり！ 今すぐ試そうジェルネイルシール 058
10 知らぬが仏？ 驚愕の新情報について 064

PART 2 BODYMAKE

年齢にも重力にも負けない！ 理想のボディ作り

11 膣トレで目指すインナービューティ 072

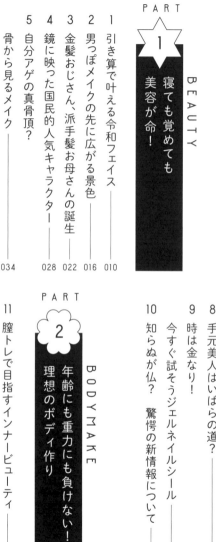

12 孤高の戦《いくさ》！ 筋トレ決意表明について —— 078
13 私的見解！ 世界が注目するフェムテックについて —— 084
14 産後のオシャレメンタルについて —— 090
15 産後ダイエット成功で承認欲求フルに！ —— 096
16 大人の嗜み？ 〝膣トレ〟で自信UP —— 102
17 究極の技!? 東洋医学で美ボディアプローチ —— 108
18 「〇〇なんだぜ!!」の力 —— 114
19 衝撃!? ガサガサ踵の恐るべき正体 —— 120
20 自撮り界の女帝に学ぶレア講習会 —— 126

PART 3 FASHION
ファッションの正解って？ オシャレ底なし沼

21 リアルな#今日のコーデ裏事情とは!? —— 134
22 カジュアル黄金比の発見について —— 140
23 個の極み？ 無駄ドレ生活のススメ —— 146
24 醤油こぼしてもノーダメ！ ケア楽ちんな黒との別れ —— 152

PART 1

BEAUTY

寝ても覚めても美容が命！

時代とともに変化していく美しさの基準。でも、他人がジャッジする評価なんて必要ない！　なりたいのは、自分が追い求める理想の姿。それに一歩でも近づきたいから、日々研究。メイクにヘアスタイル、スキンケア、はたまたプチ整形まで、できることならなんでも取り入れたい。

貪欲美人ちゃんの大胆不敵すぎる奮闘が始まる！

BEAUTY

1

引き算で叶える令和フェイス

凄まじく速いスピードで変化していくメイクトレンド。憧れの顔を追い求める日々の戦いは、一体いつ終わりを迎えるのだろうか。自分にぴったりで、バランス良くて、オシャレなメイクって……どうやるの？

そりゃ茶系のアイシャドウに黒のアイラインに……的なベタなメイクが便利なことは分かっちゃいるのだけど、でももうちょっとオシャ感出したい時もあるよね〜！というわけで普段のメイクにワンポイント足して簡単にオシャレ顔を作る方法を学ぼうという企画を立てました。

ほら、カラーマスカラとか、アートな形状のアイラインとかね！　いい企画でしょ！　とノリノリで伝えたところ、オシャメイクアーティストさんに「足すんじゃなくて引いたほうがいいと思う……」と言われてしまいました。

「でもメイク薄くすると地味なおばさんになるのが不安で……」と言ったところ、「でもメイク濃すぎでもギャルなおばさんになっちゃうから……」と言われて、衝撃を受けました。確かに、地味なおばさんは絶対避けたいけど、ギャルなおばさんも絶対に避けたい!!　そこで、急遽企画を変更し、一度メイクをすべて落として引きのメイクをイチからやってもらうことに。

まず衝撃を受けたのは、「え……？　ベースだけでこんなに時間かけるの？」ということでした。ナチュラルメイクで「地味なおばさん」になるか、「きれいな大人女子」になるかの分かれ目は、どれだけ丁寧にメイクに取り組むかということだったのです。

そういえば、服装がオシャな人は単色ベタ塗りネイルがだいたいハゲてたりします

1

もう自分のメイク飽きた!
茶系のアイシャドー……
黒アイライン……
ブルベ冬向け色のチーク&リップ…
これが万能なことは分かってるんだけどさ!!

2

そこでオシャなポイントメイクをちょい足し!!
ナイスアイディア!
カラーマスカラとか
ダーク系リップとか!
オシャレメイクアップアーティストのHaruka Tazakiさんにのちに全否定される
オシャレ感出すなら足すより引いたほうが…

3

濃
ギャルなおばさん
VS
地味なおばさん
薄
どっちもイヤッ!!

4

服装に気合い入ってる人はよく見るとそれ以外が雑な傾向……
ハゲネイル
オイル塗っただけの髪
アイシャドウのグラデが適当
ダマスカラ

5

大技で勝負を仕掛けるモード女子VS小技を的確に繰り出すコンサバ女子
複雑な構造の服!!
マツ毛のツヤ感!
風速30mでも崩れない前髪!!
波動拳ッ!!
派手色グラデ髪!
小キック!
小キック!
小キック!

6

ダサッ!! ケバッ!!
1時間前の自分
ナチュラルまゆげ
アイラインはインサイドのみ
ファンデは目の下だけ
チークなし
でも下地&ハイライトはしっかり!!
オレンジ系グロスのみ

よね。ほぼすべてのエネルギーと金を洋服に使ってしまっているので、ネイルは雑に済ませている人が多いんです。それとまったく同じ現象が、メイクでも起こっているのです。

洋服好きの人って、遠目で見るとしっかりメイクしてる感あるけど、近くで見ると雑なんですよ。私も普段、メイクは10分で終えてる。コンサバ服着てる女子のほうがまつげの質感にまでこだわってるんですよ。

コンサバ女子のことは小憎たらしく思っていたのですが、あいつらはあいつらで、コンサバという戦場の中でスキルアップを重ねていたのですね。そして、1時間かけて丁寧なナチュラルメイクが完了した私はというと、土台の顔面が完全に昭和だったはずなのに、なんだか令和の人間に見える……!!

1時間前に撮った自メイクの自分の写真と比べてみたところ……なんつーか、10年くらい前の自分の写真見たときって「うわっ、ダサッ！　ケバッ！」って思う現象あるじゃないですか。私、その感想とまったく同じものを、１時間前の自分の写真に対して抱きましたからね。でも、この丁寧なメイクを自力で再現できるかっつーと、また別の話ではあるのですが。

2

BEAUTY

男っぽメイクの先に広がる景色

ファッション同様に、トレンドの移り変わりが早いメイクの世界……。自分に合ったカラーパレットを発見しても、あっという間に時代遅れ、なんてことも？　男前さんならではの攻略術でニューエラを闊歩《かっぽ》して。

痛い30代女性の伝統的な三大趣味といえば、和装、語学学習、宝塚、と相場が決まっていますが、痛いのがなんぼのもんじゃい！　とそのすべてにどっぷり浸かっている私です。あとは韓流アイドルとＢＬを履修すれば役満ですかね。がんばるぞ！

ところで宝塚の話なんですけど、ヅカファンなら必ず一度はやってみたくなるのが男役メイク。私はもともと男顔なのがコンプレックスなのですが、男装をするとなると、かなりのアドバンテージになるのではないかと踏み、いそいそと百均で付けまつげを買ってきて、実際、男役メイクをしてみたところ……なんつーか……イケメンの男役タカラジェンヌとは全く別の「生まれて初めてメイクしてみた男顔の女」みたいな、よく分からん物体になってしまったのです。

そこから私は、男役メイクを研究し始めました。まずは、もちろんがっつりノーズシャドウとハイライト、それから目頭切開ラインを引いて……とやってるうちに気づいたのですが、もしかして男役メイクと正反対のことをやれば、普段の私の男顔が女っぽく見えるのでは……？

ノーズシャドウなど顔の凹凸をこれ以上目立たせる行為は一切やめて、目頭切開ラインどころか目頭ハイライトなどの目頭にポイントを置くのもやめる。男役さんは眉頭を特に太く大きく、そして眉を若干への字気味に描くので、私は眉頭をぼかして眉

伝統の痛い三大趣味完全攻略♡
ベルサーイユのばら〜〜
KAIGAI BUNGAKU
男っぽく見せるメイク
眉と目の距離は近く!
髪の生え際を描き足して剃り込みを作る
もみあげも描き足す
下唇は薄く!
もしかして……これの反対のことをやればいいのでは……!?

イケメンになるはずだったのに……
「生まれて初めてメイクしてみた男顔の女」にしかならなかった私
男っぽく見せないメイク
剃り込み部分の毛の薄くなってるとこにシャドウを入れてまん丸おでこに
眉と目の距離は広く！
もみあげをちょっと剃る
下唇は厚く！
女っぽく見せるメイクをした私
女装感……

全体が弧を描くように意識。

男役さんは下唇を小さく薄めに描くので、私は下唇をオーバーライン気味に。男役さんは、もみあげと額の生え際の髪を書き足して剃り込み入ってる風に見せるので、私はもみあげをちょっと剃って短くし、剃り込み部分の毛の薄くなってるところにシャドウを入れて、額をまん丸にすることに。

今まで、よく巷でいわれてる、まつげをパッチリ上げるとかチークを丸く入れるとかいった「女っぽく見せるメイク」っつーのをやってみたこともあるけど、バリバリの男顔の人間がやると、女装してる男っぽく見えて、目指してる場所とは違うものになってしまうことも知っていたのですが、方向性を「男っぽく見せないメイク」にすると、自分の男顔が史上最高に女っぽくなることは知りませんでした。

まさか、30代女性の痛い趣味が、こうして実用的な女っぽさにつながろうとは。何から何が生まれるか、分かったもんじゃないですね。もしかしたら、BLも深く学んでいくと、いつしか宇宙の真理を知ることになるかもしれません。

今の一押しは退団後も男装を続けてくれているみんな大好き塩顔イケメン・元星組スターの七海ひろきさん!!
声優としても、CLASSYの着回しコーデの主人公女子の恋の相手役♡としても活躍中だよ♡CLASSY趣味良すぎんだろ……

3 金髪おじさん、派手髪お母さんの誕生

街で目にする大胆ヘアカラーのおじさん&おばさん。そのこころは？ 対《つい》をなすサブカル金髪おじさんとフリーランス派手髪お母さん、自分の道もどちらかにつながっているかもしれない!?

サブカル金髪おじさんという種類の人間がいます。サブカル界隈の男はなぜか、40前後になると突如金髪にするヤツらが続々現れるのです。

もちろん服装はいにしえのアメカジ……といった感じな上に、金髪も自分でブリーチしたのか？　という感じの真っ黄っきなヤツなので、90年代からタイムスリップし

てきた人にしか見えないのですが、サブカルおじさんがなぜ金髪にしてしまうかというと、40近くなって勃起力もあからさまに落ちてきて自信を失ったところで、恋愛市場で男の賞味期限なんかないと油断してたものの、いざ40になったら、もともと相当モテる男以外の普通のおじさんはまず20代女子からは敬遠されること、服はパーカーとバンドTとジーパンしか持ってないけど、真っ当な大人のオシャレの仕方が分からないししたくもない、でも俺はまだまだ若い心を持っているんだぜと、周りに知らしめたい、どうせハゲてきてるから頭皮のダメージなんてもうどうでもいいという開き直り、ムラシャンの存在を知らないなど、様々な要因が合わさって、真っ黄っき金髪おじさんが出来上がってしまうんですよね。

それに対をなす存在として最近気になるのは、フリーランス派手髪お母さんの存在。私の周りはフリーランスの女が多いんですが、それまで普通に黒髪だった子でもなぜかみんな子供を産んだ後に、いきなり髪の毛を真っ赤とか真っ青とか右半分はピンクで左半分は水色とか、やべえ髪形になるんですよね。

自分で
ブリーチした？
という感じの色
ムラシャンの
存在を
知らない
バンドTか
アイドル物販T
サブカル
金髪
おじさん
小汚い
コンバース
「ジーパンだけは
いいヤツ買ってる」
と言うが2万円くらい
滅多に洗わないので
テカッてきている
20歳くらいの
彼女か愛人を
飲み会に連れてくる
私もフリーランス
派手髪お母さん
の仲間入り!!

派手髪なら
巻いたりしなくても
なんとかなる!
こまめに美容院に
行けないので落ち
にくい派手色にする
子供に引きちぎられる
ので大ぶりのピアスは
つけられない
フリーランス
派手髪
お母さん
mame×ユニクロの
ワンピも黒髪だと
部屋着に見えるが
派手髪なら外着に
見える!!
巨大なマザーズバッグ
走れるクツ

頭が派手な人を
ナンパ対象に
するナンパ師
ねえねえ
どこ行くのー?
一人?
根性
あんな!!
好感度
UP

なんでかっつーと、まず産後は髪質がボロボロになること、白髪も生えるお年頃だが黒染めは髪がダメージ受けてると汚っぽく見えること、不審者から身を守るためになるべく攻撃的な身なりでいたいけど子供がいるとヒール履けないとか、汚れてもいい服でとかの制約ができて服装のオシャレに気合いを入れづらいこと、ニュアンスカラーが流行ってるのは知ってるがすぐ落ちるので小まめに美容院に通わなくちゃいけないことと、そんな時間をつくるのはムズいことも知っている、なので落ちづらいドピンクとかにしちゃえという、これまた様々な要因が合わさって、フリーランス派手髪お母さんが誕生しているわけですね。

ちなみに私も最近、髪の毛を紫にしました。頭を紫にして以降、ナンパもスカウトも激減して快適ライフを送っているのですが、たまーに頭が紫の人をナンパしてくる男がいると「コイツ根性あんな!!」と思って、そのナンパ師に好感を抱いてしまう癖がついてしまいました。

高校生の頃は先生に怒られてもがんばって髪を染めていたが18歳で自由の身になったとたん黒髪へ……
そして母親になったら世間の考える「母」像を無視してまた髪を染める……
とにかく反抗期なんですね！

BEAUTY

4 鏡に映った国民的人気キャラクター

「もう少しここが整っていたら…」飽きるほど眺めている自分の顔を見て、誰しも若干の理想を抱くものじゃないだろうか。とはいえ、実際はなかなか踏み出せないもの。そんなお悩みもクールに解決する埋没体験とは!?

年齢を重ねるに伴ってまぶたの質感が変化してきて、今まで細いながらも平行二重を保ってきた私のまぶたが奥二重になったり、三重まぶたになったりと不安定な日々が続いていたのが、ある日突然!! 片目だけ完全に一重になってしまったのです!!

アイプチもすぐにはがれる頑固な一重まぶた。コレはもう埋没だなと速攻で美容外科を予約。埋没といえば、プチ整形の中でも安くて気軽で効果抜群の代表格ってイメージですよね。ついでに、二重幅をもうちょっとだけ太くしーちゃおっと！　と気軽な気持ちで両目やっちゃうことにしました。

「シャワーは即日オッケー、メイクは次の日からオッケー、腫れは2～3日続きますが1週間程度で落ち着きます」と説明を受けて手術台へ。施術自体もすぐ済んで鏡を見てみたら……そこにはガチャピンがいたのです。

まあ2～3日で引くって言ってたし……と自分を励ましながら1週間経ってみたものの、鏡の前にはいまだにガチャピンが。がんばってメイクをすると、バター顔のゴリラになる。

コレは絶対に手術失敗だと思って病院にクレーム入れようとしていたら、周りの埋没済みの友人たちから「医者の言うことは信じるな！　埋没の完成には3カ月はかか

1

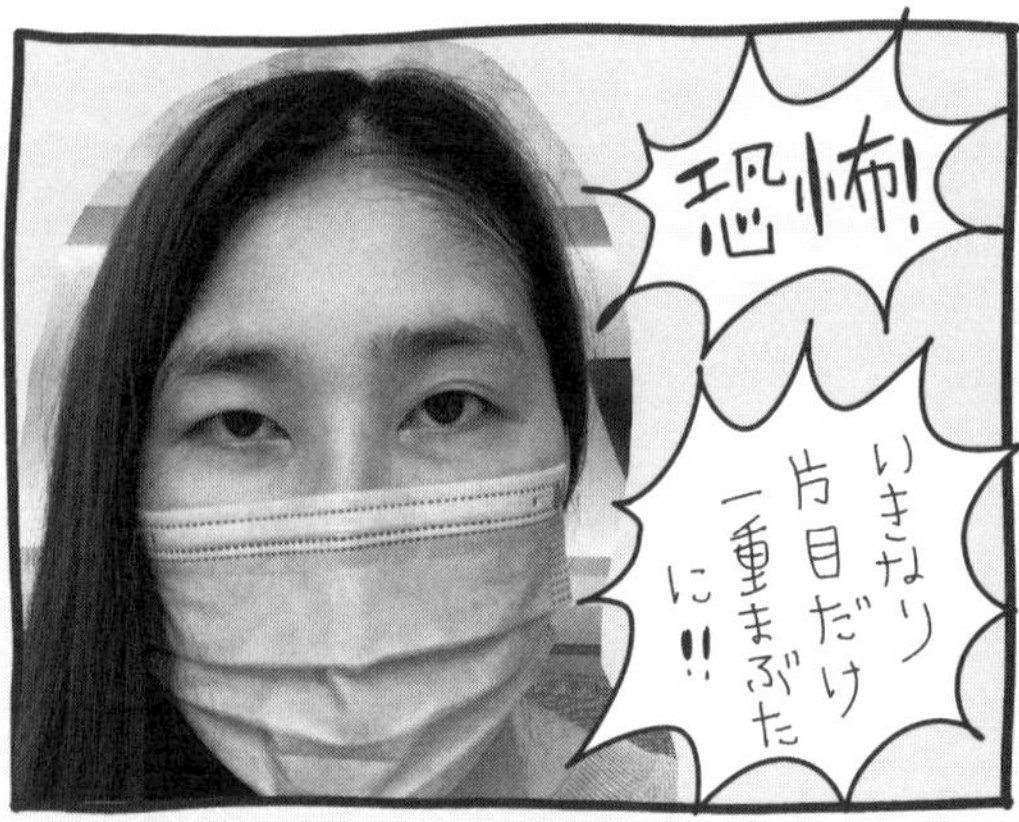
恐怖!
いきなり片目だけ一重まぶたに!!

2

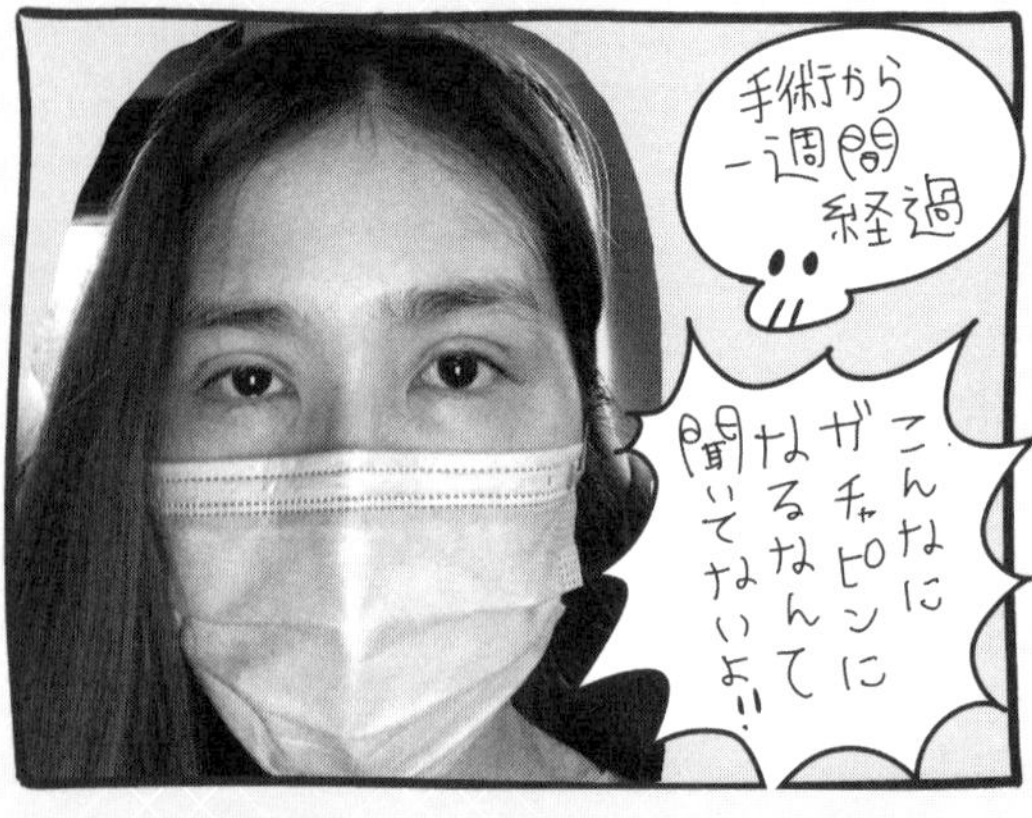
手術から一週間経過
こんなにガチャピンになるなんて聞いてないよ!!

3

がんばってメイクしてガチャピン感を消そうとしてみたがゴリラに…悲しい…

4

5

6

その時支えてくれたのは埋没済みの友人たちだった!!
辛いが三カ月待て!
一重がコンプレックスで……
気軽ぅ〜〜
安いし埋没しちゃえばいいじゃ〜ん!!
私のバカバカアホ!!
メイク時間短縮♡
下まつ毛マスカラもりもりにできるのうれしいぃ〜!
よくがんばりました!!

る！　1ヶ月で二重幅が半分になり、3カ月で3分の1になる!!」と励まされ、夫にも「そういうわけで私は3カ月ガチャピンだからあんまり顔見ないで……」と伝えて、ガチャピンとしてジメジメと生きる長い長い3カ月がすぎ……やっと私の理想の、以前よりちょっとだけ広い平行二重を手にすることができました！

今まで「一重で悩んでる……」みたいな相談に、「埋没しちゃえばいいじゃん」と気軽に言ってきた子たち全員に土下座謝罪したい気分。そして、埋没済みの子たちに尊敬の念を抱くように。

みんな「ずっとガチャピンだったらどうしよう……」「誰がどう見ても埋没したとバレる……」という不安と3カ月も戦っていたのですね。

私はというと、今まで細い二重を保つためにビューラーで直角に上げたまつげにボンドのようなマスカラ下地を塗って固定する、という工程がなくなったおかげで、メイク時間が大幅に短縮され、今まで上まつげが派手だから下まつげは控えめにしていたメイクも、下まつげにガンガンマスカラ盛れるようになって、中顔面短縮効果も出るようになって大満足です。

3カ月のガチャピン期間に耐える自信がある、という猛者《もさ》にだけお勧めします。

ダウンタイムの
辛さを共に味わった
分だけ友情は深まる!!

5

自分アゲの真骨頂？ 骨から見るメイク

コスメのトライアルアプリや携帯のエディット機能で、いくらでも自分の顔を調整できちゃういま。鏡に映るリアルにめげず、メイクのテクニックでさらに魅力的な女性として輝くことができる方法とは？

パーソナルカラー診断、顔タイプ診断、骨格タイプ診断のすべてをやってくれるサロン、アイビスに行ってきました！

担当してくれたのはＡｏｉさん。私はブルベ冬、顔タイプはクールよりのエレガント、骨格ウェーブ！　これに合わせたメイク方法を教えてもらうため、まず私の普段使ってるメイク道具を見てもらうことに。

私の場合は、くすみ感のある色がＮＧでツヤ感が大切とのこと。なるほど、普段使ってる茶色のベーシックなアイシャドウがなぜかしっくりこないと思ってたのは、くすみ感のある茶色だったからなのですね。

また、同じく持参したＣＡＮＭＡＫＥのパープルピンクのチークを「この色は大正解です！」と言われました。ＣＡＮＭＡＫＥでも大正解なんてことがあるのですね。そしていよいよＡｏｉさんにメイクしてもらうのですが、これが衝撃の連続でした。例えば、「眉頭は絶対に剃ったりしちゃダメ！」ってよくメイク方法の王道として聞くじゃないですか。

Ａｏｉさんいわく、「眉毛が近すぎると圧迫感が出るから、指2本分より眉間が狭い人は剃っちゃったほうがいい！」とのこと。そしてこれは、特に頬骨に悩んでる全

1

ブルベ冬…!
クール寄りエレガント!
骨格ウェーブ!
ウェーブ

2

この色は大正解です!
Aoiさん
CANMAKE
600円…
まさかCANMAKEをほめてもらえるなんて…

3

次々と覆される古いメイクの掟!
これよりせまかったら思いきって剃っちゃおう!
眉頭は指2本分!

4

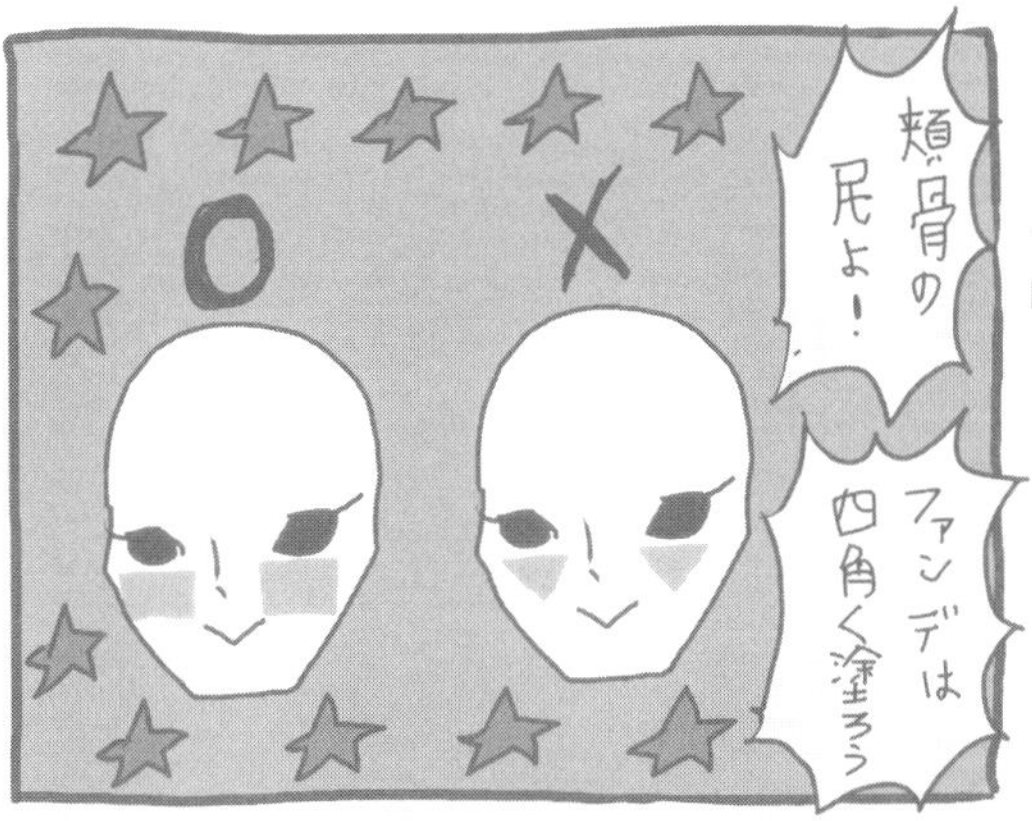
頬骨の尻よ！
ファンデは四角く塗ろう
○
×

5

めちゃくちゃほめてもらえる
かわい〜！
すっごく似合ってます！
まつ毛長い！
韓流アイドルみたい！
肌キレイ！

6

ビフォ
これがビフォアフだ！
アフ

女子に聞いてほしいんですが、明るめのファンデって目の下に三角につけるって言われてるじゃないですか。

でもそうすると、頬骨の出っ張りが余計に強調されてしまうので、頬骨民は目から鼻の下までの四角ゾーンに明るい色をつける！　そうすることで、頬骨の下の影が薄くなってゲッソリして見えなくなるのです。

他にも「アイラインは目頭と同じ高さまで引くと自然」「眉毛は眉下から描く！」「アイシャドウの締め色は目尻側からも目頭側からも塗ると目を伏せたとき色っぽい！」など、いろいろな発見が。

しかもこの診断、3時間もあるんですが、その間ずっとＡｏｉさんが「キャー！この色似合う〜！」「峰さん肌きれいですよね〜！」「え⁉　自まつげなんですか⁉長ーい‼」「唇の形きれ〜い！」「峰さん今すっごいかわいいですよ‼」「韓流アイドルみたいです！」と、超ハイテンションで褒めまくってくれるのです。

もうこの褒め言葉を3時間浴びただけで、女性ホルモンが活性化されてきれいになりそうです。そして完成した私のメイクはというと……全く同じ場所と照明のノーマルカメラで撮ってるのにめっちゃ顔色が明るい～!! 清潔感～!!

診断後は、くすみ感のあるメイク道具を全部捨てて、デパートの化粧品売り場にダッシュした私でした。メイクって楽し～い!!

メイクって楽しい！
っていう純粋な気持ちを
思い出させてくれるAO—
さんの
診断
3時間4万5千円
たか(※骨格診断は
別メニューだよー)今まで
買ってきた似合わない
デパコス代を
考えれば安い
もんだ！

BEAUTY

6

ここまできたか！ 眉毛なし眉毛の台頭

流行の移り変わりが早いのはファッションだけではなく、メイク&コスメも同様だ。各時代で注目を集めてきたさまざまなカルチャーのなかでも、眉毛は顔の印象を左右!?

私が中学生の頃の流行りの眉毛といえば、安室奈美恵の細眉!! そこでみんな眉毛を抜きまくっていたのですが、その頃はなぜか「眉頭には触らない！」「眉毛を抜くときは眉毛の下側から!!」という謎ルールがどこの雑誌を読んでも載っていて、地眉毛が太い人は一昔前の甲子園球児か呂布カルマかみたいになっていたものです。

そして高校生になると、浜崎あゆみの台頭で、とにかくちっさい眉毛が流行。ただでさえ少なくなっている眉毛をさらに抜いて、ほとんど眉頭だけしか残ってないような子だらけでした。強者《つわもの》は、眉毛3本だけを残して、それをつなげて眉毛と言い張っていたりしたものです。

そして、次にエビちゃん流行りでナチュラル眉が流行すると、若い頃眉毛抜きすぎたせいでもう生えてこなくなっちゃって、眉ナシになってしまった女子たちが阿鼻叫喚の事態に。

もう毛が残ってない部分に眉毛を描いてもすぐに落ちてきちゃうし、プールやらお泊まりやらで眉ナシ状態を晒さなくてはいけないトラップは、生活の中のあちこちにあるし。アートメイクすればいいじゃん、って思うかもしんないけど、眉毛の流行はコロコロ変わることを身をもって学んできた私たちには、なかなか手を出しにくいんですよね。

1
目指してるのはコレのはずが……
甲子園球児か呂布カルマか……
2
これが細眉界の頂点
三本眉毛だ!!
3
そして訪れる突然の
ナチュラル眉毛の流行!!
もう毛生えてこないんですけど!?

4

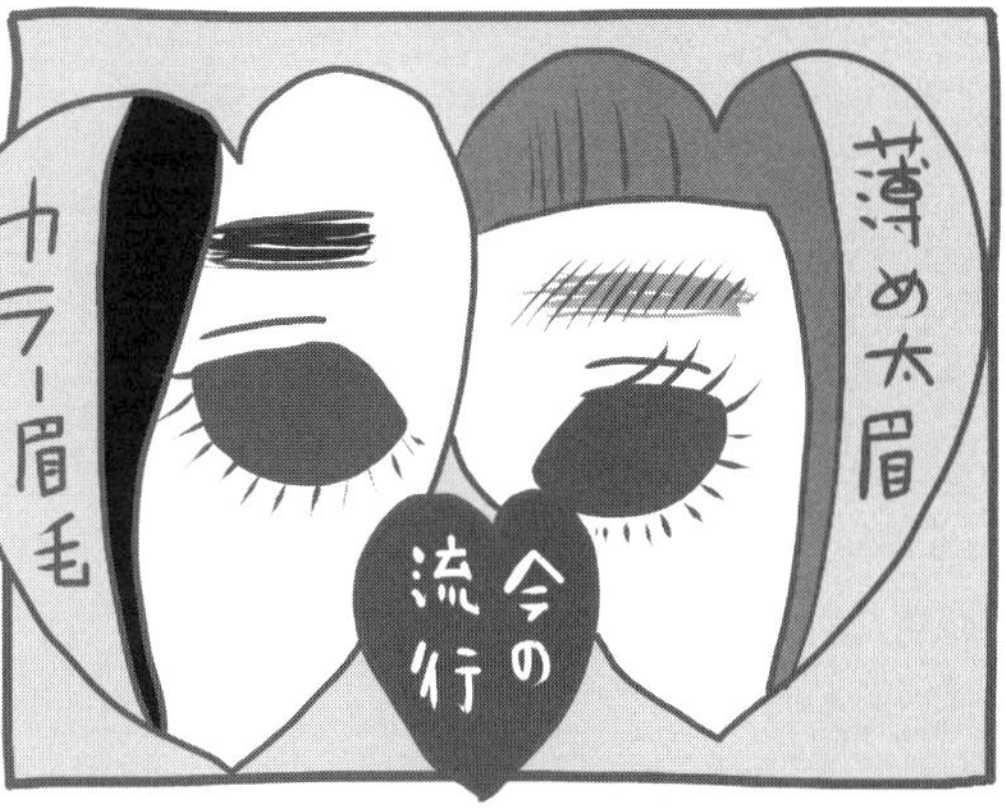
薄め太眉
今の流行
カラー眉毛

5

眉ナシ意外とかっこいいぞ!?
額に「愛」って書いてくれ…

6

裏切り者の私ー…
ファサァ…
ごめんネー!

その後も平行オルチャン眉、バブル時代再来極太眉と流行ってきて、最近はやや太め&髪の毛より色が薄め眉毛がベーシックですが、オシャレ意識の高い人は髪と色の違うカラー眉毛に手を出していますよね。

そしてさらに、オシャレ最高峰の人がやってる眉毛は何かというと、なんと眉毛ナシ眉毛です。すでにハリウッドセレブの間ではちょこちょこ実践されていてー……といっても、さすがに眉毛ナシはハードル高いだろ、とお思いの皆さんにお伝えしたいんですが、私の行ってる美容院のアシスタントの男の子が黒髪短髪で、眉毛だけ金髪にブリーチしててパッと見眉ナシに見えるんですが、それがちょっと一発お願いしたいくらいかっこよかったんです。

服装がTシャツジーンズでも、眉毛がないだけでオシャレに見える‼　眉毛ナシ眉毛の流行ときたら、中高生の頃に一生懸命眉毛を抜いて眉ナシになってしまった私たち世代が、今こそ輝くときなのではないでしょうか。

ちなみに「私たち」とか書いてますけど、私は安室時代も浜崎時代も「この流行は長くは続かないー……」と小賢《こざか》しく予想して、意地でも眉毛を抜かずに剃るだけで済ましてきたので、今現在も眉毛はフサフサという裏切り者です。ごめんね！

自まつ毛が短くなるのがイヤでまつエクもまつパもしない私
どんだけ保守派なんだ!!

7 ズバリ聞いてみた！ 賢い整形のススメ

整形玄人の上原恵理さんに突撃インタビュー。施術するクリニックの見分け方や「私が整形するとしたらどんな部位がおすすめか？」をズバリ聞いてみました。自分の顔や身体に対するコンプレックスたち……整形マジックで消え去るか!?

かわいくなりたい！ 老いを食い止めたい！ というわけで整形したい！ という気持ちはあるものの、いざ整形するとなると、どこをどのように施術すればいいのか……？ という壁にぶち当たります。

そこで私的に一番信用できる美容情報を発信している、上原恵理先生にお話を聞いてきました！　上原さんは顔面全体を整形していて、いつも自ら新しいレーザーの実験台になったり、新人医師の練習台になったりしているという剛気な方です。

まずは挨拶代わりに、お互い「どこを整形しているでしょう⁉」クイズから始まりました。上原さんは鼻全体を整形、埋没、目頭切開、口角挙上、顔全体と首までボトックス、ほうれい線と額と顎にヒアルロン酸とのことで、顎の大部分がヒアルでプニップニでした。上原さんは「峰さん絶対鼻にプロテーゼ入れてると思ってた！」とのこと。

確かに、天然で鼻筋が激細い私。整形したかのようにきれいな鼻ってことなのかな……とウフフな気持ちになっていたら、「整形したみたいに不自然だから、ヒアル入れてもうちょっと鼻筋太くしたほうがいい」との答え。え……ショック……。

それから「やらないほうがいい整形」を聞いたところ、「流行ってる整形」とのこと。

どこを整形しているでしょう!?クイズ
ん〜…… 唇にヒアル!
ブブー! これは天然でーす!
上原さんの整形経歴
額にヒアルロン酸でまっすぐな男額からまんまるな女額に
広かった鼻筋〜小鼻の骨をぶち折って原形はもはやナシ
埋没&目頭切開
アゴがほとんどヒアルロン酸で形成されている
唇の端を切って口角を上げる!
目のクマ過去3回オペ今年もやるぞ!
全顔〜首までボトックス
各種レーザー

とりあえず流行ってる整形をしちゃった人
人中短縮
富士山唇
眉下切開
目立つ傷跡
私におすすめの整形
私も男顔なのでヒアルロン酸ぶっ込み
眠そうな目に見える眼瞼下垂の気があるので糸で筋肉を留める
こめかみと頬骨下に脂肪移植で頬骨の存在感を減らす！
整形鼻解消ヒアル
唇が小さくて顔がデカく見えるのでここもヒアル！
鼻先の形がちょっとマズってるので鼻尖形成術！

確かにちょっと前は、とにかく人中を短くするのが流行って、別に特段鼻の下長くない人までやるもんだから唇が富士山みたいになったり、その後は眉下切開が流行って、別にまぶた全然緩んでない人まで切開して眉毛の下にガッツリ傷跡作ってしまったり、とにかく整形は間違った施術を選んでしまうと、不自然になるわ修正が難しいわ金もかかるわで最悪です。

私も顎の梅干し皺解消にボトックスを打ちに行っただけなのに、糸リフトを熱心に勧められてやってみたんだけど、全然効果分かんねえ……と金ドブした経験が。じゃあどうすればいいんでしょうか⁉

上原さんいわく、最近、美容垢とか多いけど、情報の8〜9割方は間違ってるとのこと。それから韓国での整形も、通訳の人が医師の説明を完璧に翻訳できるわけじゃないから避けたほうが無難。

「インフルエンサーの何々さんがご来院されました！」とかＳＮＳでやるのは、医療広告ガイドライン違反なのだそうで、そんな堂々と法律違反してる病院は患者さんに誠実だとは思えないとのこと。

結局、一番いいのは、いろんなクリニックにカウンセリングに行きまくって、その情報をまとめて施術を決めることだそうです。かわいくなるためには、自分の足と時間をかけるしかない！

「整形なんてする必要ないよ」とか
「今の君の顔が好きなんだ」とか
言われても私の顔を
決めるのは私
なんだよ!!

BEAUTY

8

手元美人はいばらの道？

指先、手先のオシャレとして一際目をひくネイル。電話をかけるとき、名刺を渡すとき、お会計のときなど、結構ハイペースで私たちの視界に入ってきます。日々の気分をも左右する手元ケア、できてますか？

女子のオシャレの看板的存在であるネイルについて書くのは今回が初めてなんですよ。なぜかというと、わたしがろくすっぽネイルなどしていないからです。ジェルネイルやってた時期もあるんですけど、でもネイルサロンで提案されるのってだいたいパールとかラインストーンとかグラデーションみたいなやつ……。よく言えばコンサバで、悪く言えばダサい。もちろん探せばオシャレなデザインのものもありますよ。でもオシャレなネイルってどうしても合う服が限られてきますよね。
一度ネイルをモノトーンのモードなやつにしてしまったら、同じくモノトーンのモードな服を3週間着続けるぶんにはいいんですけど、「今日は小花柄ワンピでボヘミアンな感じにしよ♡」とかって気分のときに、爪だけ異様に浮いてしまう凶悪事件が発生してしまうのです。

じゃあ、いろんな服に合わせやすそうなデザインっつーと、やっぱ単色ベタ塗りとかのシンプルなやつになってくるじゃないですか。でもサロンだと、そういうものすごくシンプルなネイルだろうが、ダサコンサバ系のわりとごちゃついたネイルだろうが、そこまで値段が変わらないのが、なんか損してる気がしてイヤ!!

でもそれって「無地のTシャツだと損した気がする」という理由で、変なイルカの柄とかがプリントしてあるTシャツを買ってしまう人と同じ心理なのだろうか？
自分の発想がこわい!!

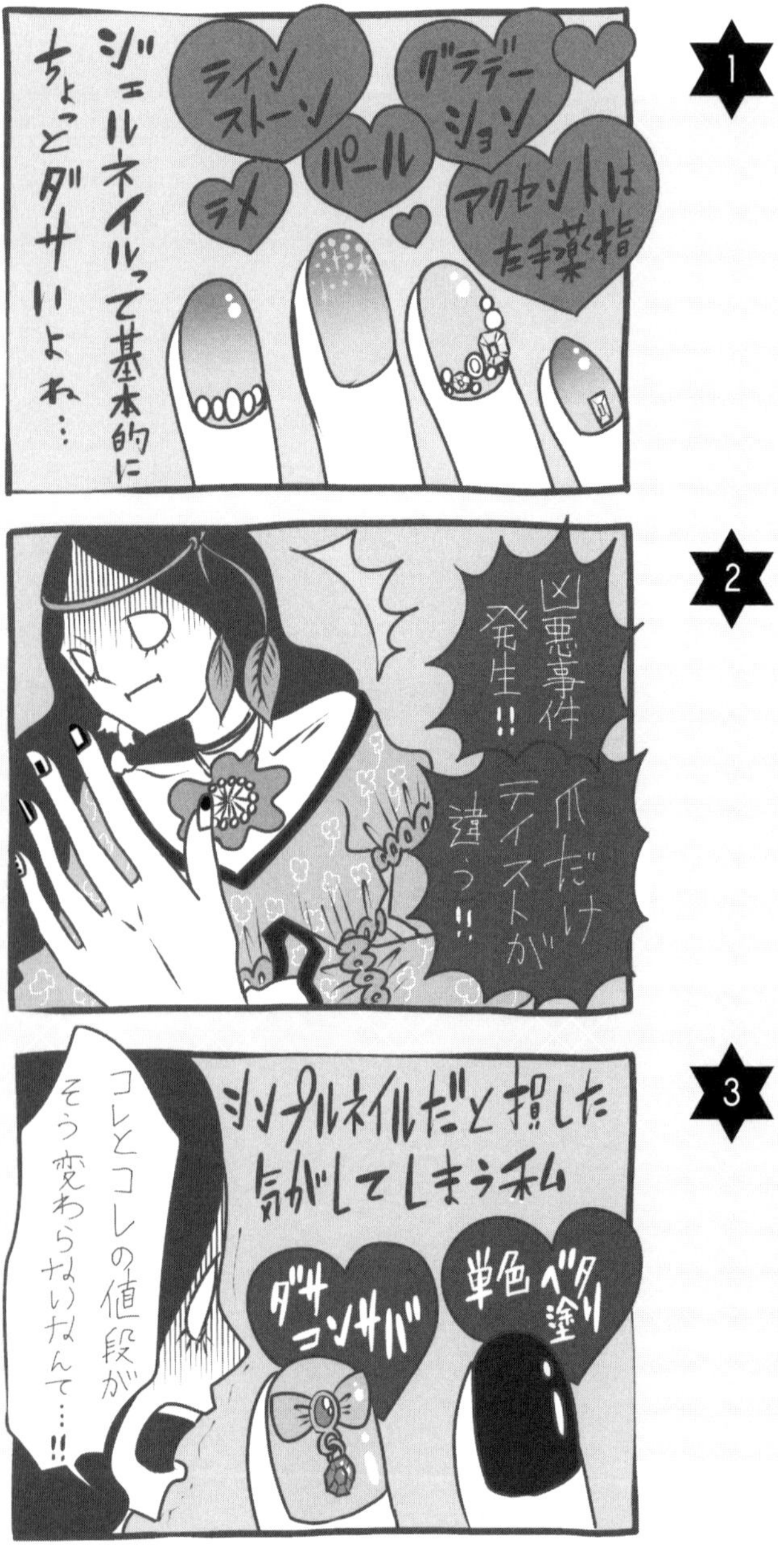
1
ジェルネイルって基本的に
ちょっとダサいよね…
ラインストーン
グラデーション
パール
ラメ
アクセントは左手薬指
2
凶悪事件発生!!
爪だけテイストが違う!!
3
シンプルネイルだと損した気がしてしまう私
コレとコレの値段がそう変わらないなんて…!!
単色ベタ塗り
ダサコンサバ

4

無地の服だと損した気がしてしまう人たち
なんやさみしいな
こっちのがお得やわ
私はこの人たちと同じ価値観だったのか…!?

5

オシャレ女子のセルフネイルは
だいたいハゲてる

6

とにかく文句をつけたいだけの人
男はネイルとか好きじゃないよ?
ネイルくらいしないの?
やせすぎの子は性欲わかない
もっと女らしい格好しなきゃ
太った?(笑)
性犯罪は女の服装にも原因あるよね

そこでまわりのオシャレ女子たちを観察してみると、単色ベタ塗りのセルフネイルをしている人が多いようです。どのみちシンプルなネイルなら、サロンでやるよりセルフでやっちゃったほうがマシですもんね。

でも結局、セルフネイルって持ちが悪いからだいたいいつもみんなハゲてるし、オシャレな人ほど真っ赤とか紺色とかのパキッとした色を塗るので、ハゲているのがクソ目立つ。

1週間のうち5日間はハゲてるセルフネイルと、そもそも何も塗っていない状態とだったら、どっちがマシなのだろうか？　というわけで、ここ数年ほど私は素爪で過ごしているのですが、飲み会などできちんとダサコンサバネイルをしている女子に、「男はネイルとか別に好きじゃないんだよ？」とかっつって絡んでる男が、私の素爪を見て求婚してくるかっつったら別にそんなことはなく、なんなら「ネイルくらいしないの？」とか言われるので、今後も爪を塗るも塗らぬも好きに生きていこうと思います。

私も「細かいところこそのこだわり♥」
「乾かしてる時間も愛しい自己満タイム♥」
「ブルーな日でも自分の爪を見るだけでハッピー♥」みたいな感性を持って生まれたかった…

9 時は金なり？ 今すぐ試そうジェルネイルシール

手元のオシャレは日々進化中。爪に優しくて、オシャレで速乾性があってしかも剥がれにくい……。そんな夢のような逸品ジェルネイルシールに心酔中。さて、セルフネイル界の頂となるか!?

最近、ジェルネイルシールというものの存在を知りました。ジェルネイルシールの使い方はとっても簡単！　甘皮や爪表面の凹凸を処理したあと、リムーバーで爪の油分を拭き取り、ピンセットでシールを貼り余った部分をヤスリで削って、シールを8千円以上購入すると無料でついてくるジェルランプで2～3回硬化させるだけ！

これらの工程を私はガン無視して、たぶん油分がついてるであろう爪に素手でシールを貼って余った部分を素手で千切って硬化もさせてないのですが、これだけ雑にやってもまったく問題なく2週間くらい持つんですよ。

もうネイルサロンの存在って何……？　わざわざホットペッパーで調べて予約して出かけて、ネイル中は携帯を触ることもままならないので、サロン内のテレビで流れている『プラダを着た悪魔』的な映画を見るしかなく、しかもちょうど施術が終わりましたってタイミングがいつも映画のラストの前に重なるので、結局、私はアン・ハサウェイがどうなるのか知らないまま『プラダを着た悪魔』を延べ5回は見たあの時間……あの時間を中国語の勉強に充てていれば……!!

もうサロンに行くのはやめよう、そう思ってネイルをオフしに行くとなると3千円くらいかかる。ネイルを⁉　剥がすだけで⁉　3千円⁉　そうなると、ネイルオフ込みシンプルネイルご新規さん限定4980円コースとかに目が向いてしまい、2〜3週間後にはまた「今度こそオフだけするぞ！」と決意するものの……の繰り返しで

1

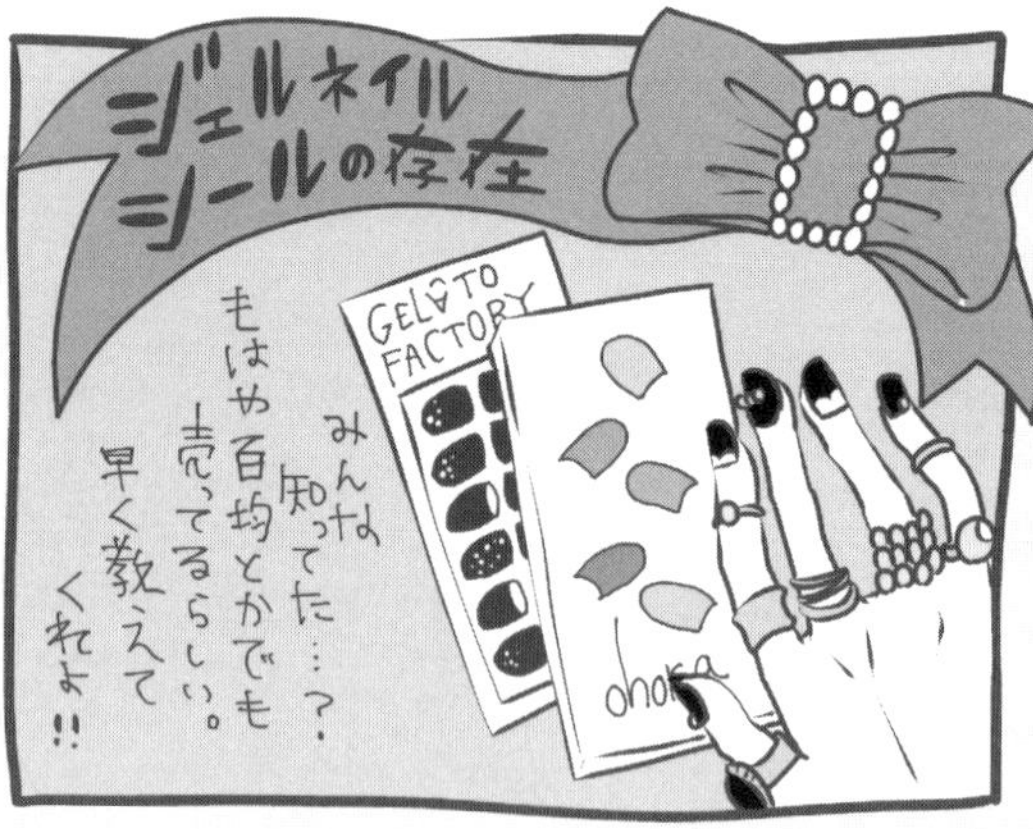
ジェルネイルシールの存在
みんな知ってた…？
もはや百均とかでも売ってるらしい。
早く教えてくれよ!!
GELATO FACTORY
ohora

2

簡単なネイルシールを貼る工程をさらにカットする私
こんなもんでいいっしょ!!
お菓子作りでも卵を室温に戻さないし生地を冷蔵庫で寝かせないしオーブンを予熱せず焼くタイプ
ぺたぺた
ぐちゃぐちゃ
お菓子は大体ゴミになるがネイルシールは問題ないよ！

3

ネイルサロンでよく流れてる三大映画
客層を感じる…
ブリジット・ジョーンズの日記
キューティーブロンド
プラダを着た悪魔

4

恐ろしいネイルサロン依存
一度だけなら…
一本だけ欠けた…
イライラ
はがすだけで3千円!?
それならオフ込み4980円のほうが…
へへ…

5

さらに恐ろしいセルフネイルの呪い
やっと塗れた!
トイレ行きたい!!
ガタッ!
ピンポーン!!
宅配でーす!
クポクポッッッ
毛玉を吐く直前の音

6

みんなもネイルシールに切り替えて空いた時間を司法書士試験や二級ボイラー技士資格のための勉強に充てられるね!!
爪がかわいいとやる気も出る!
でもカンタン! サクサク解けちゃう
数独

薬物依存症の人の気持ちがよく分かる。

ネイルサロンはやり口がヤクザだ。かといって、セルフネイルはさらに重罪だ。塗った直後に必ずトイレに行きたくなるか、クール宅急便が届くか、猫がシーツの上でゲロを吐くかのいずれかのイベントが起きる。万が一、なんのイベントも起こらなかったとして、最後の最後に完全に乾いたことを確認するためにちょっと触ったせいで、表面にくっきりと指紋が残ったのを目にしたときに思うことはひとつ。

ああ、ネイルが乾くまでトイレも行けず、鼻すらかめなかったこの時間……この時間を中国語の勉強に充てていれば……!!

でも、ジェルネイルシールを5分でピピッと貼ってしまえば、もうそんな後悔をすることなく、存分に中国語の勉強に取り組むことができますね。

まあ中国語の勉強なんて今まで一度もしたことないし、今後もする予定はないんですけどね。再見《ツァイツェン》!!

私も明日から…
いや来年は…ううん
きっといつか中国語の
勉強を始めるんだ…!!

10 知らぬが仏？ 驚愕の新情報について

ついに美容皮膚科へ出向き、次なるステップへ。気になるところを徹底追究する攻めの姿勢は健在。しかし、新たな敵「小鼻の赤み」が現れ、孤軍奮闘。驚愕の結末とは……？

最近、美容に熱心な私が次に足を運んだのは、美容皮膚科です。美容に熱心じゃなかった時代に、日焼け止めをまったく塗らなかったせいでポツポツでき始めたシミと肝斑予防のビタミンCを処方してもらいに行ったのですが、ついでに前々から気になってたものの、「どうせ治んないヤツっしょ？」と放置していたアレについて聞いてみました。

それは小鼻周辺の赤み!!　子供の頃から気になってたんですけど、でもコンシーラーで隠れるからいいか〜と放置してたヤツ。

コンシーラーで隠せるのは化粧したての1時間で、あとは場所的にヨレるわ脂が出るわで時間が経ったらすぐに赤みが丸出しになるヤツ。

小鼻の赤みがあるとそのぶん鼻の横幅も広く見えちゃうし、何よりなんだか野暮ったいんですよね。お芝居やドラマなどでは山出しの娘なんかの役を演じるときにわざと小鼻の周りに赤みをつけたりするそうです。

それくらい小鼻の赤みって、顔の印象を左右させるものってことですよね。早速先生に診てもらったところ、「ここは毛細血管が多くて、多かれ少なかれみんな赤くなるものだから……」と言われて、「やはり治らないヤツなのか……」とガックリ。

でも続いて先生は、「でもカビやダニが原因なこともありますから、一応そのお薬

1

小鼻の赤みには資生堂のスポッツカバー
SHISEIDO SPOTS COVER foundation
少量でカバーできるのでヨレない!
タトゥーも隠せるほど濃厚!
安い!

2

小鼻の赤みがあると鼻が広く見える!
あと田舎くさい!
東京さ行ぐ電車はこれでええだべかァ?

3

小鼻の赤みは消えるけどカビ・ダニ・が住みついていた過去を持つ女になるか…

4

毛細血管が目立ち
やすくて一生コンシーラー
ぬり続ける女になるか…

5

結果
めっちゃカビ!
ダニ!!飼って
ましたね!!
ビフォ
アフ

6

カビ!
ダニ!
水虫!
コンプリート!
お次はなんだ!?

出してみましょうか」と。

こうしてカビ用とダニ用の2種類の塗り薬をもらって帰宅した私ですが、もしこれを塗って赤みが消えたら、私の顔にカビ！　ダニ！　が住み着いてるってことになるし、かといって、「これを塗って赤みが消えなかったら毛細血管が目立ちやすい体質で、一生小鼻にコンシーラーを擦り込み続ける人生が待っているってことで……。

どっちにしろイヤァッ!!　そして薬を塗り始めて数日……。私の小鼻の赤みは見事に薄くなりました。てことは、私はこれまでの人生ずーっと、小鼻にカビ！　ダニ！を飼って、せっせと餌の脂を供給してたってことですね……。

小鼻周りに残った毛細血管の赤みは、ファンデを塗れば全然分からないくらい薄くなったし、これでハッピーなはずがいまいち心から喜べない……。

これはアレです。以前にずっと悩んでた踵《かかと》のガサガサの原因が水虫だって分かって、水虫薬を塗ったらすぐ治ったときと似たような気持ちです。原因が分かって結果的には問題が解決したものの、その原因っつーのが乙女心的に受け入れられない！

カビ！　ダニ！　水虫！　さあて私がお次に飼っているものはなんなんでしょうね！　もう怖くて知りたくありません！

かわいい田舎臭さってのも存在するけど
小鼻の赤み！お前は別だ!!

PART 2

BODY MAKE

年齢にも重力にも負けない！理想のボディ作り

どれだけ美肌で顔立ちが整っていたとしても、やっぱりヘルシーなボディがあってこそ。もちろん外側だけでなく、内側からも“キレイ”を追求したい！　エクササイズにダイエット、美ボディに見える自撮りの仕方も履修して、自己肯定感を高める秘技もお手のもの！

まさに“美は一日にしてならず”を体現する挑戦がここに。

BODYMAKE

11

膣トレで目指すインナービューティ

骨盤底筋など膣周辺のインナーマッスルを鍛えるためのトレーニングが〝膣トレ〟。さまざまな女性特有のトラブルに効果的であり、自己肯定力も爆上がりとのこと。プロに聞いた新技を取り入れて、身体の内側からピカピカに！

やはり美女たるもの体の外側だけでなく、内側からもきれいになりたいもんですよね！　体の内側といえば膣！

そこで今回は膣トレウォーキングを提唱するｉｋｋｏさんにお話をお伺いしたところ、「よく膣トレとかっていって肛門を締める運動とかあるけど、肛門括約筋を鍛えて鍛えられるのは肛門の筋肉だけなんですよ!!」というパンチラインを早速いただいて、打ちのめされる私。

確かに、肛門括約筋は膣につながってるとはいえ、それって膣の入り口の筋肉だけで、「奥のほうは鍛えられてないのでは?」というのは、長年うっすら疑問に思ってたんですよね。入り口だけ締まってもあんま気持ちよくなさそうだし、私が鍛えたいのは膣のもっと奥のほう！　そこで、膣トレウォーキングですよ。

簡単に説明すると、歩くときに踵《かかと》から着地して、足の親指の母指球というところへ踏み込みます。靴の底が外側の方から擦り減ってるって人は、この歩き方ができていません。私の靴……めっちゃ外側擦り減ってる～！

そこで踵→母指球のウォーキングするだけで、太ももの内側の筋肉が鍛えられてる感じがする～！　でもさらにすごい裏技があるんです。

1

体の内側からキレイにしちゃおぉ☆
内側と言えば!!

2

肛門括約筋を鍛えて鍛えられるのは肛門だけなんですよ!!
ikkoさん
膣トレウォーカー
確かに!?

3

かかとから親指の付け根に向かって体重をかけて歩く
2
1
内モモの筋肉が使えてる感じする!!

4

そして歯グキに
舌押し付けの術!!
口閉じてれば
外から見ても
バレないので
これなら
電車内や
オフィスでも
できるね!
ギュ
ギュ
ギュ

5

「膣壁が
分厚い」
「すごい
あたたかい」
「中がグネグネ
してる」
とか言われ
ますね
言われてみてェ〜〜!!

6

立てば膣トレ
歩けば膣トレ
座る姿も
膣トレー
ニング
ギュ
ギュ
ギュ

舌の先を前歯の裏側と歯茎の間に押し付けてお腹の筋肉を意識してみてください。真ん中あたりがぎゅっとしませんか？　そこが膣の中のほうの筋肉なんです!!

ｉｋｋｏさんいわく、舌の筋肉と膣の筋肉はつながっているとのこと。ウォーキングしながらが効果的だけど、この歯茎に舌押し付けの術は普通に立ってるときでも座ってるときでも効果的だそうで、座り仕事の多い私に膣トレウォーキングだけでなく膣トレ座りも教えてくれるｉｋｋｏさん。

まず座るときに、お尻のお肉をかき分けて股間が椅子に押し付けられるように座ります。そして歯茎に舌を押し付ける！　こうして膣の筋肉がピッと伸びると、なぜか私の頑強な反り腰も正常な位置に戻って、背中までピッと伸びるのが不思議！

膣の入り口だけじゃなくてこうやって内部を鍛えていると、ｉｋｋｏさんは産婦人科では「膣壁が分厚い」と言われ、男の人には「膣内がすごい温かい」「内部がグネグネしてる」などとしょっちゅう言われ、さらに子宮口を開けたり閉じたりする技も身につけていることになるという。

その技、身につけてェ〜!! というわけで、これを書いてる今も、カフェで椅子に股間を押し付け、歯茎に舌を押し付けています。隣に座ってる人もまさか私が今、膣を鍛えているとは思うまい……ふふふ……。

私の膣の締まりを良くしたい心という
欲望は男子の「巨根になりたい心」と同じで
異性から「そんな求めてないよ」と言われても
関係ない 自分のためだけの欲求なんですよね

BODYMAKE

12

孤高の戦《いくさ》！筋トレ決意表明について

SNSで目にするヘルシーな時間の過ごし方は個性的で多種多様。ストレスのない、楽しい時間を少しでも増やしたい！　そんな思いが心を健康にしてくれるトピックを求めている。あなたのポジティブマインドの源は？

ここ最近、ずっと筋トレ流行りですよね！　そこで私も1カ月間筋トレをしてみてビフォーアフター写真を撮ってみました！　という企画を考えた時点から1カ月以上が経過しても、いまだ私は一度も筋トレをしないまま、その原稿の締め切りを迎えようとしています。

いや、一応やろうとはしたんですよ⁉　でも運動をしようとすると、大縄跳びで毎回私が引っかかるので、「大会当日は仮病で休め」とクラス一丸となって詰め寄られたこと、私の全力の走り方がなんかキモいと言われること、私がずっとスキップだと思ってやっていたものを「それはツーステップだよ」と言われたときのことなど、スポーツにまつわる忌々しい記憶が私の体に重油のようにまとわりついて、スクワットを阻害してくるのです。

つーかさー、運動とか嫌いなんだよ。スポーツ選手などには「いい年こいてボールを追っかけ回すなんてアホなことしてないでちゃんと仕事しろ‼」とすら思っている、スポーツ全般を恨み続けて30年のアンチ運動過激派である私が、なぜか1カ月筋トレチャレンジ☆　とかいう企画を一瞬でも打ち立ててしまった。その理由のひとつは、周囲の人から「筋トレはいいよ〜？」「筋トレしてみなよ！」などと、何度も何度も勧められまくったせいです。

1

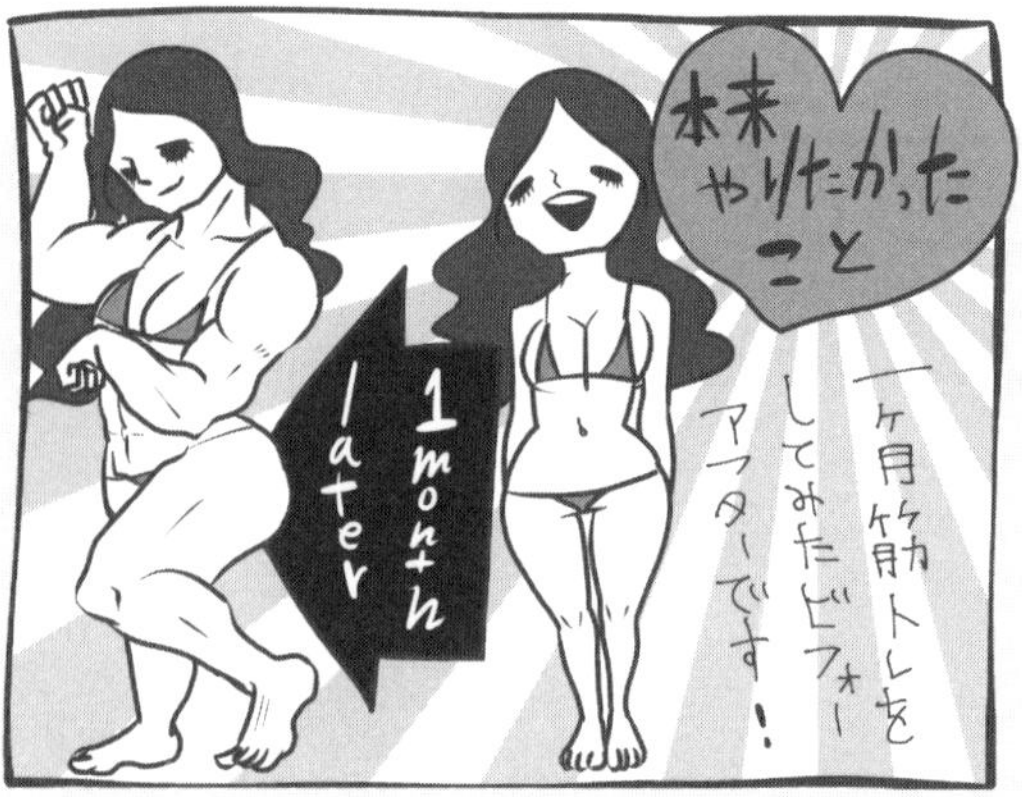
本来やりたかったこと
一ヶ月筋トレをしてみたビフォーアフターです！
1 month later

2

そして現実
何もしませんでした!!
1 month later

3

いい年こいてボールを追いかけ回したりしてないでちゃんと仕事をしろ!!

4

自分のハマっているジャンルへの勧誘がしつこいやつはウザい
筋トレはいいよ〜?
ハァ
子供はいいよ〜?
ハァ
宝塚はいいよ〜?
ハァ

5

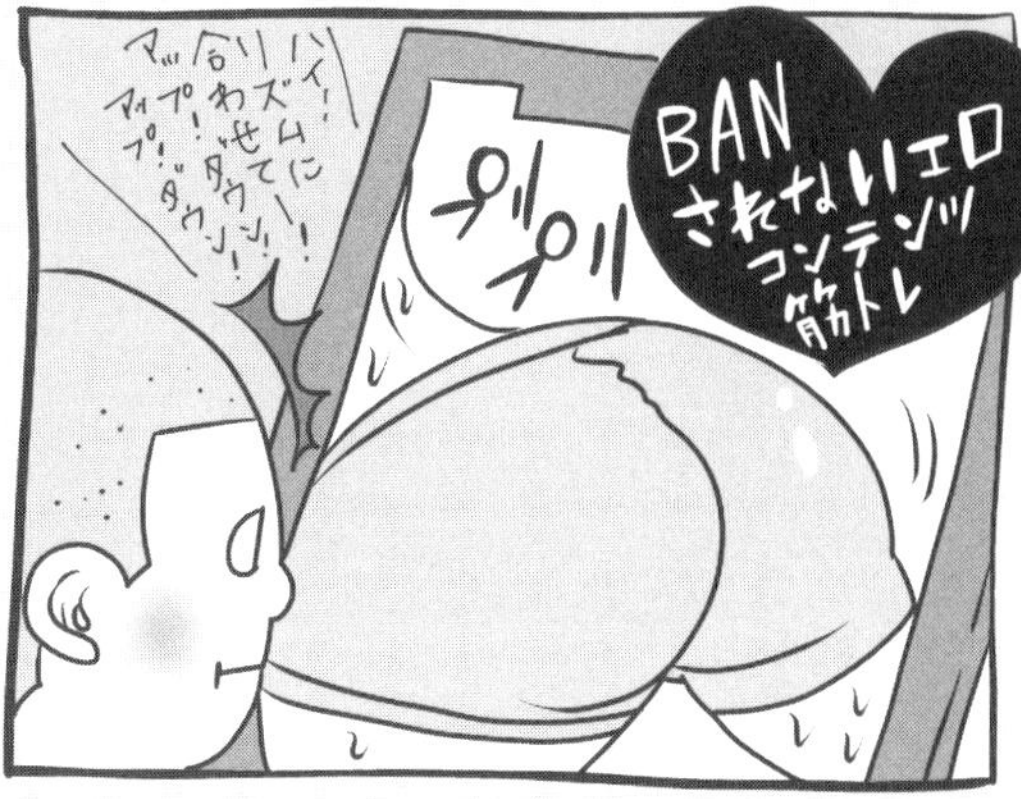
BANされないエロコンテンツ筋トレ
ハイ！リズムに合わせて！アップ！ダウン！アップ！ダウン！

6

体を暖かくして甘いものを食べるとストレスが減って身心共に健康になり
体からマイナスイオンが発生し血液がサラサラになって癌が治る

そもそも人にいきなり「筋トレしたほうがいいよ！」って勧めてくるのって、人にいきなり「ダイエットしたほうがいいよ！」って勧めるくらい失礼な話だと思うんだけど、筋トレ勢は筋トレしすぎたせいで、そこらへんのマナーを司る部分の脳味噌が筋肉になっているのでしょう。

もうひとつの理由としては、オシャレインフルエンサーがこぞってオシャレに筋トレしているので、私も遅ればせながらこの波に乗っておかなければならないという、オシャレワナビーとしての使命感によるものですね。

でも冷静に考えたら、筋トレ動画の流行って、水着を着て尻を強調する感じの動画なんかをアップしたりすると即BANされるようなSNSでも、水着のような服で筋トレしながら尻を強調するような動画ならBANされないため、健全SNSの中でエロ目的のフォロワーが簡単に増えるけど、「え？　エロじゃないですよ？　健全な運動ですが？」としらばっくれることができる便利なツールなだけなんじゃないか、とか推理しながら、電気毛布にくるまってマーガリン入り黒糖ロールパンを食べるのは、サラダチキンを食いながらスクワットするより百倍充実した時間ですね。

13

私的見解！世界が注目するフェムテックについて

生理や性についてなど、女性ならではの健康課題について向き合うフェムテック。年齢や身体のコンディションによって変化はあれど、誰もがお悩みを抱えているところかも？　今こそポジティブに考えて解決のヒントを探そう！

生理、ウッザ!!　白いボトムはくのはリスクがデカすぎる博打《ばくち》だし、Ｔバックもはけないからタイトスカートも無理だし、生理用パンツはかわいくないし、腹も痛えし、ウッザ!!

最近は、フェムテックとかいって、新しい生理グッズがいろいろ紹介されてるけど、布ナプキンは手洗いするのが無理すぎるので論外として、環境に優しいとかって推されてる月経カップ（膣内にシリコン製の茶碗みたいのを挿《い》れて血を受け止めるやつ）って、あれトイレで取り出すたびに手が血まみれにならないか？　個室内に洗面台あるとこあんまないし、公衆トイレの洗面台で月経カップ洗ってるヤツとかいたら、かなりびっくりするんだけど……。

あとは、ナプキンしなくていいっつー吸水性生理ショーツはユニクロからも出てるけど、あれってこれ以上は吸収できないって状態になったときは、外出先でもパンツはき替えるの？　そして経血限界量吸収済みパンツをバッグに入れて持ち歩くのか？イヤじゃね？

このように、どうも私は、フェムテックのノリに胡散臭《うさんくさ》さを感じている。生理中の女性の生活を少しでも快適にするためには、まずサニタリーボックスを便器の奥側に置くのをやめることから始めてくれ。

1

フェムテック
子宮が冷えない!!
女性の生活を快適に!!
サステナブルで環境に優しい!
キラッ
キラッ

2

実際はこうなのでは?
使用済みパンツ持ち歩き
じめ…
そして結局手洗いをする…
どうすればいいかわからない血まみれカップと手
どろ…
……
びしゃ…

3

サニタリーボックスをトイレの手前側に置け! 使い辛いだろ!
手でフタを開けなくてはならないタイプが最悪
「汚物入れ」って呼ぶのやめろ! 「汚物」ってなんだよ!! クソが!!
恨み
飲食店とかでたくさんの人が使うのに家庭用と同じサイズなのもバカすぎる
辛み
死ね

4

どうやって使う
生理用品なのか
まったく分かんねえゑ!!
現行商品
私の提案
ソフィ
シンクロフィット
吸収力をプラスオン
ミネィ
陰唇フィット
大陰唇にはさんで使う
コレ!!
でもここまで具体的に
パッケージにのせたらみんな
買いづらいのか…???

5

肌に優しいナプキン
Cepee
肌に優しいナプキン
羽なしだが
パッケージ含めトイレ
に流せる(自己責任)
っつーだけで私は
絶対コレ!!
陰惨な事件
あれ…?
もしかして
先月の捨てて
なかった…?
この中に1ヶ月
前の使用済み
ナプキンが
……?
恐怖…

6

でもまあ
結局ヤーズ
フレックスが
最強!
生理が年に3回
で済むとか
現状コレ以上の
アムデクは
ないだろ!!
月 火 水 木 金 土 日
真にキラつく私ラ
キラッ
キラァッ
みんなも
飲も〜!

というわけで、いわゆる流行りのフェムテックの文脈ではないのですが、私が信頼しているのはソフィのシンクロフィット。親指サイズのコットンみたいな製品で、あれ、パッケージに「吸収力をプラスオン」とかしか書いてないので、どうやって使うのか謎すぎて手を出してない人が多いと思うんだけど、あれは大陰唇の間に挟んで使うんです!!

ナプキンだと、どうしても膣との間に隙間ができるけど、シンクロフィットは膣口に密着してくれるので漏れる不安が激減する最高アイテム。商品名を分かりやすく「陰唇フィット」とかに変えれば、もっと認知度が上がるはずなのだが……。

次なるおすすめは、セペの「肌に優しいナプキン」。これ、昔は「流せるナプキン」という名称で売ってて、多分、大人の事情で「トイレに流せる!」とは明記できなくなってしまったぽいんだけど、製品自体は前と同じものなので、私はトイレに流してます（自己責任でよろしく!）。

シンクロフィットも水に流せるので、自宅のサニタリーボックスは撤去。これで、捨て忘れてた1カ月前の使用済みナプキンと邂逅《かいこう》してしまうような陰惨な事件も起きなくなりました。

でもまあ、一番のフェムテックは生理の回数が3カに1回になるピル、ヤーズフレックス一択ですね。

わざと透けさせてるのに
「ブラ透けてますよ?」とか
マルジェラに「しつけ糸が…」
とか知らん人からの忠告を
よく受ける私だが
「あの… スカートに血が…」
という忠告だけはマジ
ありがたいシスターフッドだね!

BODYMAKE

14 産後のオシャレメンタルについて

女性にとって出産とは、紛れもなく人生のビッグイベントですよね。ライフスタイルに大きく影響を与えるこの出来事を経て、オシャレなスタイルや服へのポテンシャルは一体どうなるのだろうか!?

この間、子供を産んだんですよ。子供は欲しいけど、妊娠出産という行為がイヤすぎてずっと先延ばしにしていた、あのアレを。

なんでイヤなのかっつーと、そりゃあ体形の変化とか体調不良といったフィジカル面はもちろんなんですけど、私が最も恐れていたのは産後のメンタルの変化です。

だって周りの子供産んだ人見てると、以前は強めな服装でインナーカラー入ったロングヘアなびかせながら合コンの成果報告飲みとかしてた女が、子供を産んだ途端にいきなりセルフ白髪染めボブにして、服も全部洗濯機で洗える感じのヤツになり、ランチでカレー食ってるときに「家出る直前に子供がうんち漏らしちゃってさ〜」みたいな話をするようになる現象ってあるじゃないですか。

そういう人は「子供はいいよ〜！　なゆゆも作っちゃいなよ！　大丈夫！　産んじゃえばなんとかなるって！」とかいう雑な発言もしてくるのだが、私は「なんとかなってる」状態になんてなりたくないんだよ‼　オシャレな生活が送りたいんだよ‼

まあそりゃ子供がいたらいろいろ仕方のないことはあるのだろうし、本人はたぶん幸せなのだろうし、前はしょっちゅう一緒に遊んでた私と疎遠になっても新しくできたママ友たちと楽しくやっているのだろうし。

そして私も産後は赤ちゃんかわいさのあまり、背景がめちゃくちゃ生活感溢れる写真をインスタに載せまくり、アカウント名を「〇〇ちゃんママ」とかにして、夏は腕

1

妊娠出産超怖い!!
妊娠線ができることより
乳首が黒くなることより
もっと恐ろしいものがある!!

2

なんか変わっちゃった友達
この間俳優の〇〇からDMでナンパされてて〜
ちんこ画像送られてきたんだけど見る?
出産後
うちの子がさ〜
うんちがさ〜
それでうちの子が〜

3

うみちゃんママ@10m
CMのあと!
なんとあの人が登場!!
あと16秒後!
クリネックス
子供の顔を見てほしいのだろうけど部屋の生活感しか目に入ってこない……

4

子持ち女子の理想像って
VERY系とされてるけど…
いつまでもキレイ！
素敵ママ!!
私が着たいのはこういうコンサル服ではないんだよ!!
えーん!!

5

もしかしてこういうことだったら…？
私は病気じゃないッ!!
電磁波を防ぐアルミホイル
私は子供産む前と何も変わってないッ!!

6

フリーダ・カーロ柄のメッシュのロンググローブ…
実用性ゼロの高額アイテムを「かわいいから」という理由だけで買う姿勢!!
妊娠前と何も変わってませんでした！

に日焼けカバーをつけ、冬はユニクロのダウンを着るようになってしまうのだろうか……？

そういうわけで、陣痛より会陰切開より、妊娠中ずっと私は産後の自分が今と別人格になってしまうことに恐怖していたし、出産後も引き続き恐怖していた。

いちおう髪はロングのままだし、赤ちゃん写真も背景がオシャなヤツしかSNSに載せてないし、特に性格が変わった気もしないけど……でもそれって「私は病気じゃない!! 本当にFBIに盗聴されてるんだ!!」って言ってる人と同じ感じの認知の歪みだったら……？

そんな不安が拭えないまま産後2カ月経った先日、しばらくぶりに訪れたセレショで産後初めて私が購入したファッションアイテムは、フリーダ・カーロ柄のメッシュのロンググローブという超かわいいけどマジでいつどこに何の目的でつけていけばいいのか不明な謎アイテムで、ああ!! 私やっぱ妊娠前となんも変わってねえ!! とやっと安心することができたのでした。

マタニティフォトは、
絶対撮らねえぞ!!
特に妊婦の腹に「baby」
夫の中年太り腹に「beer」
って書いたやつ!!
という固い誓いを
守り通しました!!

BODYMAKE

15

産後ダイエット成功で承認欲求フルに！

出産後に容赦無く降りかかるボディメンテナンス問題。ギャン泣きの我が子を抱えながら〝産後ダイエット〟という戦いにも挑まなくてはならないのだ。ああ過酷……。期待どおり個性的なエピソードで成功の秘訣を探って！

私は産後3カ月で72キロから52キロへの、20キロのダイエットに成功しました。と言うと、必ず聞かれるのが「どうやってダイエットしたの⁉」なんですが、「1日1食しか食べないダイエットです」と答えると、みんな超テンション下がった顔で「私にはそんなの無理……」と言われます。

私だってなー、通常状態なら1日1食なんて苦行、絶対無理ですよ。私の大幅ダイエット成功の本当の秘訣は、人生で最も太っているときにわざわざビキニを着て、その姿の写真を正面、横、後ろときっちり写真に収めていたことです。

みんな痩せてるときの写真は撮りたがりますが、不本意に太ってるときの写真なんて撮りたくないですよね。でも撮るんです。ちなみにビキニ写真は夫に撮ってもらったのですが、夫も私のあまりの腹のたるみ、四角い尻に引いていました。

でも撮るんです。このビフォア写真と、ダイエット成功後のアフター写真を並べて載せて「○カ月で○キロ痩せました!」とツイートするために! だってみんなダイエットビフォアアフター写真が大好物だから! もちろん○カ月は少ないほどよくて、○キロは多いほどいい。

たまに、痩せた後のアフター写真だけツイートしてる人がいますが、やっぱ太って

月後

産後2週間後の姿。もう腹に赤子はいないというのにこの腹は一体……？？？

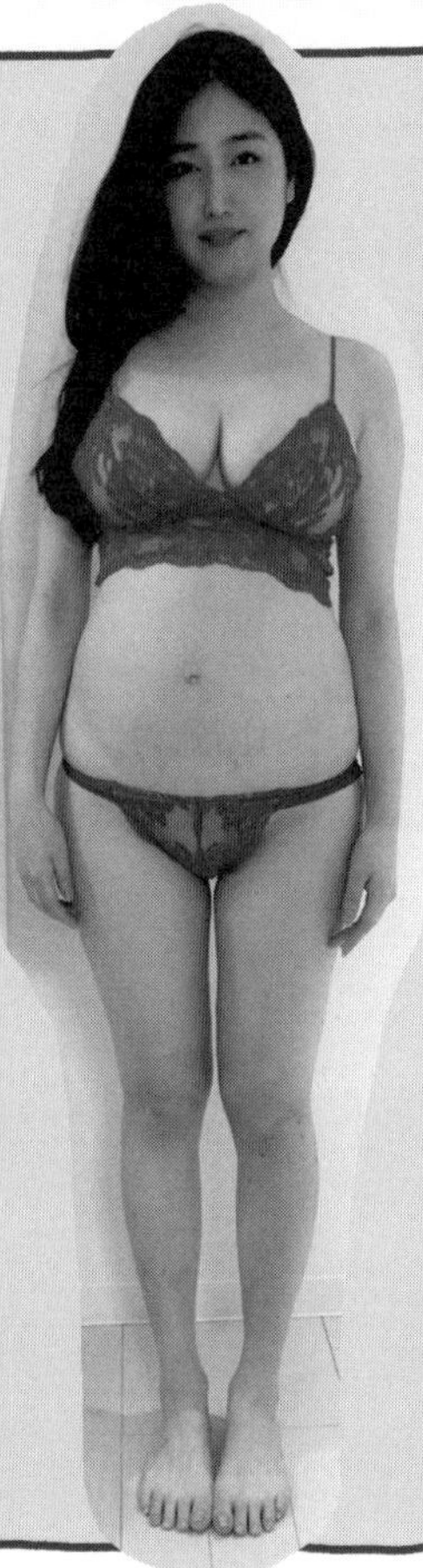

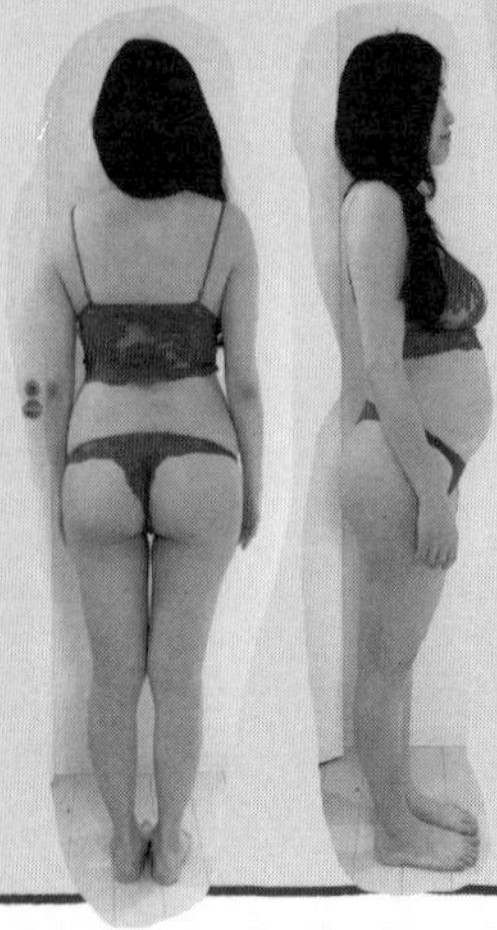

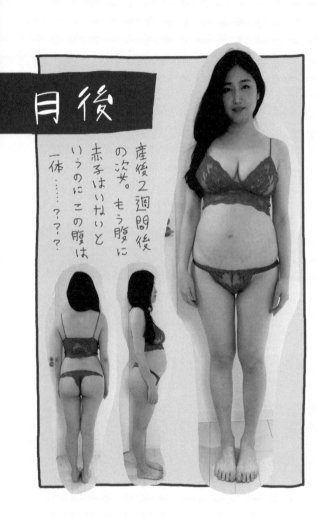

3ケ
-20
Kg
妊娠前と
同じ52キロ！
顔から脚の
長さ、下着の形
まで違って見える。

る時のビフォア写真がないと、大衆のゲスい好奇心は満たされないんですよね。

なので、まず最も太っているときのビフォア写真を撮っておくことが第一条件なのです。だってそのほうが〝いいね！〟を稼げるからね！　別に何億〝いいね！〟されたところで私に現金が入るわけではないのですが、私の自己承認欲求は満たせます。

この私のモンスター級承認欲求、〝いいね！〟をむやみに欲しがる根性が1日1食しか食べない誓いを守り通らせたのです。

個人的には72キロの肥満体重から52キロの平均体重に戻すのと、52キロからモデル体重の47キロにダイエットするのは同じくらいのつらさなんですが、「3カ月で5キロ痩せました！」では誰も〝いいね！〟もリツイートもしてくれません。20キロという数字のインパクトが大切なんですよね。

というわけで、「どうやってダイエットしたの⁉」という質問への正しい回答は、

「まず激太りをしてからその状態のビキニ写真を撮り、自分の承認欲求に正直になる」なのです。

そして予想通り、私のダイエットビフォアフツイートは1万〝いいね！〟を超え、「峰さんすごい！」「さすが！」などのリプライを大量にもらって、私の承認欲求はモリモリと満たされたのでした。めでたしめでたし。

こういう
ムチムチした太り方に
憧れはあるのだが
私は堅太り二重アゴ
属性なので決して
こうはならないんだ……

BODYMAKE

16 大人の嗜《たしな》み？ 〝膣トレ〟で自信UP

神秘的&デリケートな女性の身体は、日々さまざまに変化している。エイジングケア、スタイルアップにも効果的といわれる現代の素晴らしき女活で、楽しく、ポジティブに女っぷりを磨いていこう！

男は誰しも一度は自分のちんこの長さを測って、平均と比べては一喜一憂したりしていると思いますが、対して女子は、なかなか自分の膣圧を他人と比べることができないですよね。

「キツすぎてすぐ出ちゃった……」なんていうのは、早漏の定番の言い訳なので、一切信用できないし、中折れされたりすると、自分の膣がゆるいせいなのではないかと落ち込んだり、さらに私なんて最近出産までして……私の膣圧って実際のとこどうなの⁉　不安で夜も眠れません！

そこで、最新の膣圧鍛えるマシンことElvieですよ。もちろん丸洗い可能なシリコン製の本体はUSBで充電できて、専用アプリをダウンロードしたら膣内に挿入してBluetoothでスマホに接続‼　未来‼

すると、画面上に宝石のようなアイコンが出てくるんですが、膣を締めると宝石の位置が上に上がり、緩めると下がる仕様になっていて、いろいろな種類のトレーニングが始まります。

アップダウンするラインが表示されるので、宝石が常にラインより上に位置するよう締め続けたり、次々と流れてくるボールに宝石がうまいことヒットするよう素早く

1

ブチィッ
ボキィッ
そもそも膣がゆるい疑惑のある私
友達と3人でノリでバナナを挿入して圧をかけたところ私一人だけ折れなかった痛ましい事件…
あれ…？
ちょっと凹んでいるだけ

2

Elvie!
最新膣圧鍛えるマシン
※ココを挿入するよ！
卵半分サイズのシリコン製なのでスムーズ挿入！
丸洗い可能で清潔！

3

専用アプリ
締めると宝石が上に移動する！
USB充電
Bluetooth接続
未来
ぎゅっ

4

膣圧で操作するスーパーマリオのよう!
ピョン
ピョン
Pulse 3/10

5

高潔なElvie
スコアに平均はありません
数値の公表もしません
ゲスい私
膣圧レベル70から150になりました!!
みんなのレベルはいくつ!?
教えて教えて!!

6

尿モレ予防!
中イキもしやすくなるらしい…!!
男の快感に関しては… まあついでだね!
10000

締めて緩めてを繰り返したり……もうこれは、膣圧で操作するスーパーマリオとしか言いようがない！

一度のトレーニング時間は5分くらいなものの、終わった後は全身汗だくになるほどハードな運動なわりに、ベースがスーパーマリオなのでめっちゃ楽しい！

最初のうちは肛門を締める感じで力を入れていたのですが、それだと膣の入り口だけしか締められてなくて、内部の圧を高めるためには腹と尻の筋肉を使うということなども分かってきました。

初日はレベル70だった私の膣圧ですが、1週間後にはもうレベル150に。成果が目に見えて分かって、ますます楽しい！

ところでレベル150って高いの？　低いの？　と思って調べてみたところ、

Ｅｌｖｉｅは「スコアに平均はありません。なぜなら生理周期や時間帯、年齢、個人によって変わるものだからです」という素晴らしいポリシーのもと、一切の数値を公表していませんでした。

そんな中、このように数値を公開して素晴らしいポリシーをぶち壊す私！

Ｅｌｖｉｅの使用感は最高なんだけど、お値段なんと3万円もするのが劇的なネックなので手を出しづらいかもしれませんが、平均値が知りたいので買ってみた人はぜひ自分の膣圧レベルを教えてね！　落ち込むので、レベル2千とかの人は教えてくれなくていいです！

3万円はなかなか手を出しづらい値段だが…
10万円の定価で買った服がセールで30%OFFになってるのを見るよりかはマシ!!
10kg

BODYMAKE

17 究極の技!? 東洋医学で美ボディアプローチ

ダイエットで自分が納得する理想の体形を手に入れる、その手段は十人十色。今回はスマートボディを目指すべく、巷で話題の漢方にチャレンジ。案の定？　ちょっぴりハードなダイエット漢方体験とはいかに！

ダイエット薬！　と聞くと、最初に思い浮かべるのは、「怪しい」「効かない」「ぼったくり」とかですよね。

ちなみに、万年ダイエッターの私も、巷のダイエット薬は怪しすぎて今まで手を出していなかったのですが、このたび初めて韓国のダイエット漢方、チェビトッというものを購入してしまいました。

何が私を駆り立てたかというと、チェビトッの「軽めのシ〇ブ」というヤバい評判です。チェビトッはLINEのオンライン診療で簡単に買えて、1カ月分で3万円弱くらい。これで痩せなかったら……ンギギ……となる値段。

でもパッケージには「食事の量が極端に減るため、低血糖の症状が出る場合があります」という本気の注意書き入り。昼食、夕食を食べるそれぞれ1時間前に1包飲むだけなんですけど、飲んでから1時間も経つとマジでお腹が減ってない状態になるのです。

ちょっとびっくりするくらい、全然お腹が減ってない。食べる必要性を全然感じない。食欲という感情がぽろりと失われる。プラシーボとかじゃなくて、お腹がぐーぐー鳴ったりしてるのに、感覚としてはまったくお腹が減ってない状態になるのです。

1
ダイエット薬
うさんくさい……
あやしい……
高い……
2
チェビドッ!
軽めのシ●ブ
CHE BEE TALK
②
一ヶ月分で3万円弱もするよ!
3
ぐ〜〜〜
ぐきゅるるるる〜〜
えっ、食欲って何?
ウーロン
平タポ

4

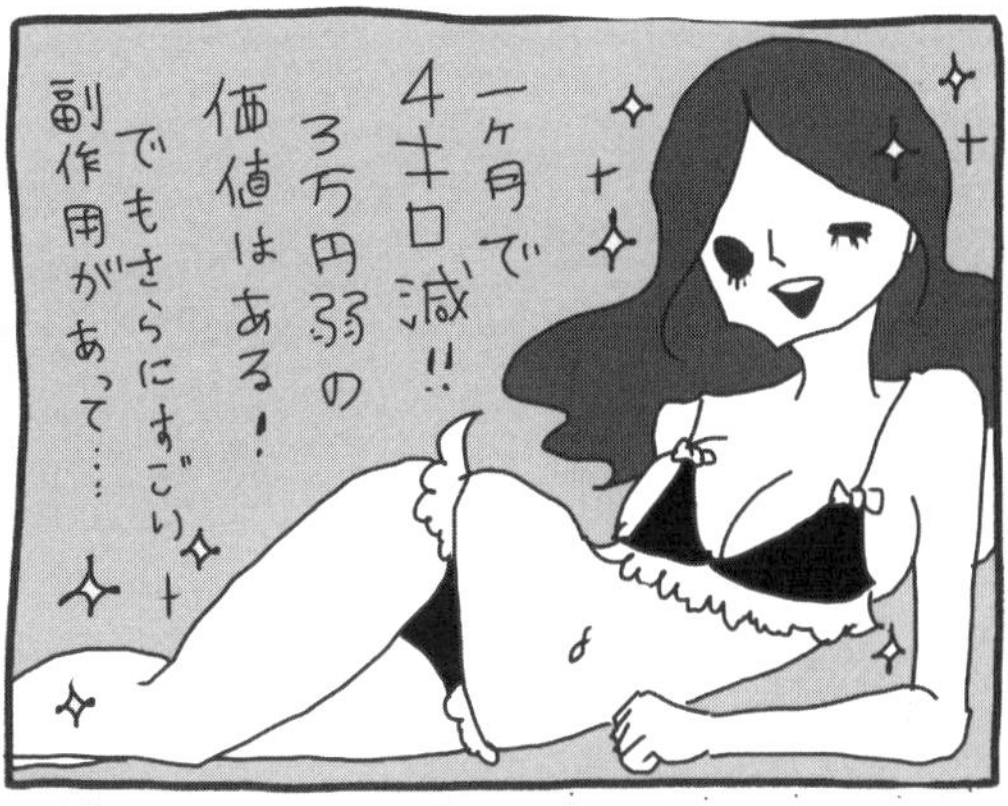
一ヶ月で
4キロ減!!
3万円弱の
価値はある!
でもさらにすごい
副作用があって…

5

20時間何も食べてないが仕事が捗る捗る!
ガンギマリ状態!!

6

チェビトッ依存症
チェビトッを…
もっと…
もっと強いヤツをくれ…
ハァ
ハァ
ハァ

なので、昼~夜は何も食べなくて全然平気。もちろん体重がスルスル落ちてくわけですが(1カ月で4キロ痩せました!)、チェビトッにはさらなる効果がありまして、なぜか飲むと眠気が飛び、頭がスッキリ冴えて仕事がガンギマリで進むということです。

頭が冴えて、食欲がなくなり痩せる……まさに「軽めのシ◯ブ」の異名は大袈裟じゃない! もう私はチェビトッを「痩せる薬」じゃなくて「元気モリモリになる薬」と認識していて、締切前などには大変重宝しています。

(今もチェビトッ服用状態でこの原稿を書いているよ!)

話によると韓国のダイエット漢方の一部に含まれている成分は、覚◯剤の原料と似たものだそう。これは疲労がポンと飛ぶのも納得ですね。チェビトッはレベル1~5まで種類があって私は下から2番目に弱いレベル2のものを処方されたのですが、今はレベル3、いや4のものをクレクレとLINEで交渉しているところです。

もうチェビトッなしの生活なんて考えられない！　チェビトッ……チェビトッをもっとくれ！　もっと強いやつを!!　……ジャンキー感がすごいですね。いつ違法ドラッグ認定されるか分かんないので、合法のうちに買うことをお勧めします。

まさかダイエット薬で
こんなハマり方をするとは
夢にも思いませんでした…

BODYMAKE

18

「○○なんだぜ!!」の力

誰にも気を使わず、自分のなかで自信を持って叫ぶことができることってありますか?
何かひとつでも発見できたら、声を上げられたら、ちょっとしたつらいことは乗り越えられそうな予感のパワーワード。いざ自己肯定力高い組を目指して探そう「○○なんだぜ!!」

私のおっぱいは、65のHカップです。ちょっと落ち込むことがあっても、「でも私のおっぱいは65Hなんだぜ!!」と思うことで、自尊心を保たせてくれた私のおっぱい。

その共に生きてきた戦友のおっぱいが、しかしここにきて、とうとう垂れてきてしまったんです。

でもまあ、30代後半まで垂れずに頑張ってもらってきたんだから、もう「長い間お勤めご苦労さまでした！」という感謝の気持ちのほうがデカいのですが、でもやっぱり、明らかに低くなったバストトップの位置を見ると落ち込む……。

そもそも65Hって20歳の頃に測ったきりだし、今はもう全然サイズ小さくなっちゃってるんだろうなあ、とは薄々思ってたんですが、改めてバストサイズを測り直して、65Hじゃなくなってしまった自分を認めるのが怖すぎて、一人でそんなことはとてもできません。

そこで向かったのは、伊勢丹新宿店本館3階マ・ランジェリーですよ。まずはワコール3D smart&tryという体のサイズを測れる機械に入ります。

ウエストから太ももから二の腕の太さまで計測される恐怖の機械なんですが、そこで出たトップバストの数値は83・5!!　昔は93センチあったのに……と激しく落ち込

1

彼氏にフラれた
友達とケンカした
ナンパ断ったらブスって言われた
でも私のおっぱいは65のHなんだぜ!!

2

パ
長い間お勤めご苦労様でした!
ヨボ…

3

いま現在の自分の正確なバストサイズを知るのがこわい…
助けてくれマ・ランジェリー…
ヨボヨボ

4

これは…65のGかHですね
おっぱいプロフェッショナルの目！
マジ？

5

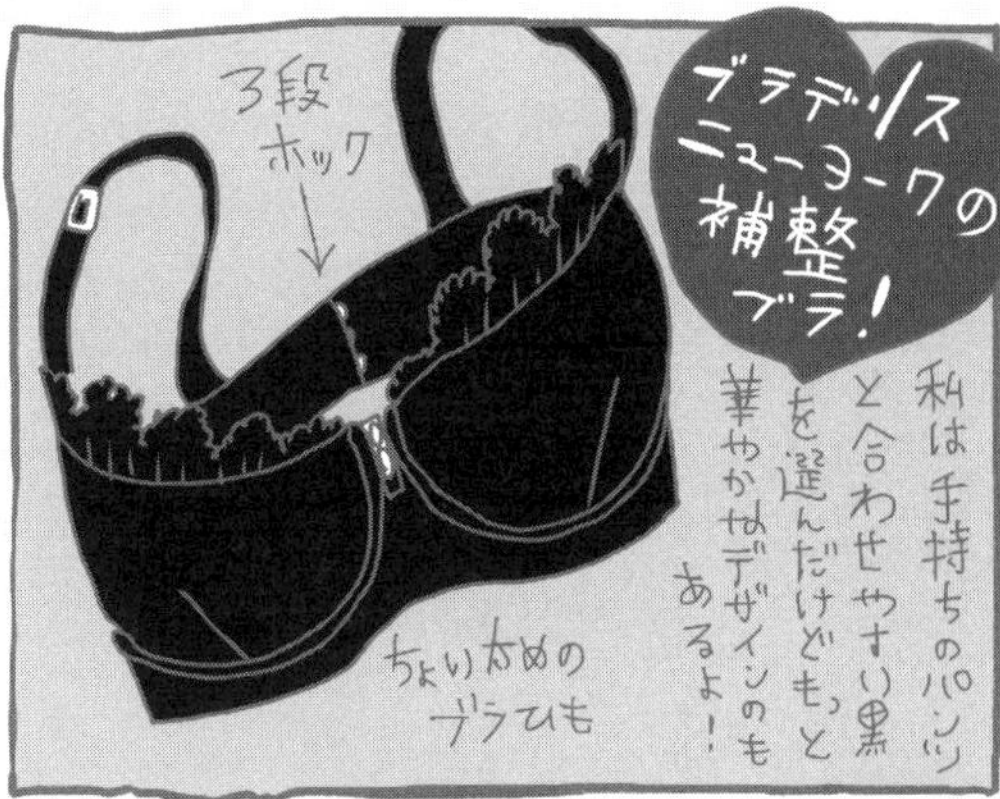
ブラデリスニューヨークの補整ブラ！
私は手持ちのパンツと合わせやすい黒を選んだけどもっと華やかなデザインのもあるよ！
3段ホック
ちょい太めのブラひも

6

住民税の支払り
家にゴキブリを発見
原稿落とした
でも私のおっぱいは65のHなんだぜ!!

む私に店員さんが「まあこれは目安なので」と励ましてくれて、試着室で私の胸を一目見るなり「これは……65のGかHですね」と。

店員さんいわく、胸が垂れてしまうと胸そのものが小さくなったように見えてしまうのだけど、意外と体積は変わっていないんだそうです。

その後は、65のG、Hのブラを試着しまくりですよ。試着しまくると、同じ65Hのブラでもメーカーによって形が合う合わないがあることがパキッと分かるんですが、とあるブラを試着した瞬間に、店員さんも私も揃って「これだ!!」と顔を見合わせました。

ブラデリスニューヨークというメーカーのそのブラは、補整ブラといわれているだけあって、背中の肉をモリモリブラ内に収納できて、バストトップの位置を上に上げてくれるのに着け心地はすごく楽。

「ああ～!!　私、20歳の頃こういう胸してた！　この位置におっぱいがあった!!」という十数年前の記憶が押し寄せてきて、3秒後には購入していましたね。

こうして私は、楽ちん&形がいいブラジャーと、65のHという称号を公的に取り戻すことができました。今後もイヤなことがあっても「でも私のおっぱいは65Hなんだぜ!!」と、堂々と胸を張って生きていこうと思います。

今の私は顔面全部
デパコスなんだぜ!!とか
今の私は朝から白湯
飲んで
ヨガやったんだぜ!!とか
人それぞれのアゲ
ポイントがあるの
でしょうね

BODYMAKE

19

衝撃!? ガサガサ踵の恐るべき正体

サンダルにミュール、春のオシャレを楽しむために、なんとかケアしておきたいのは、ガサガサな踵のアイツ！　乾燥した冬の空気でさらに強固となってしまった足の角質を専門のサロンでチェックしてもらったら……衝撃の結果はいかに!?

もう自分では削り切れない岩石のような踵を引きずって私が向かったのは、銀座にあるドイツ式フットケア専門店ロワ。ロココな感じの内装と、ゴージャスな店長さんに迎えられて、まず行ったのはフットバス。

それもよくある自分で選べるアロマオイルを垂らしてもらえるというサービスだけ

じゃなくて、本物のバラの花びらと葉っぱが入ってるという特別感。バラの花なんて仕入れ値高いだろうに……ぐっと期待が高まりますね！

そしてフットバスを終えて、恥ずかしいほどブヨブヨになった私の踵を見た店長さんは一言。「これは角質とかじゃなくて白癬菌《はくせんきん》じゃ……？」「えっ⁉ 白癬菌って……」「水虫のことですね」「で……でも、そんなかゆいとかないですし‼」と水虫説を頑なに否定する私に、とりあえず巻き爪のケアをしてくれる店長さん。

巻き爪って伸ばすといいってよく聞きますけど、伸ばすとどんどん刺さるので、スクエアオフにするのがいいそうです。

巻き爪の人特有のよく溜まる爪の垢を掻き出される、という恥ずかしい行為を受けながらも、店長さんは私の踵をしげしげと見ながら、「角質ができるのは、足の裏のアーチがしっかりできてないことが原因なことが多いんですよね。でも峰さんはしっ

1
ロココな内装と それに似合う 店長さん
お越しいただきましてありがとうございます〜!
2
ゴージャス感+
本物のバラの花びら!
仕入れ値高いだろうに……
超余計な心配をする私
3
巻き爪は伸ばすといいとよく聞くけど……
本当はスクエアオフにするのが良い!
伸ばすと結局ここが刺さる

4

水虫説を必死で否定する私!!
だってかゆりとかないし…っ!
皮がめくれたりもないし…っ!!
踵の白癬菌はそういうのと違うんで…
気をつかって白癬菌と言ってくれる店長さん

5

店長さんにしっかり目を見て言われる
水虫の薬ぬったらすぐ治ったってことよくあるんですよ?
じ……
………

6

もはや開き直った私
水虫の何が悪いんじゃい!!
何もはずかしくなんてねえし!!
水虫・たむし

かりアーチがありますね」と褒めてもらいました！

そして、「だからこれはやっぱり白癬菌じゃ……」というも、「でもでも！　皮がめくれたりとかもないですし！」と、水虫疑惑の恥ずかしさのほうが勝つ私。

その後は、歯医者さんのウィーンと削る機械のようなもので角質を削ってもらってから、丁寧にフットファイルで仕上げをされてツルツル赤ちゃん踵にしてもらった私！

「角質が分厚く固まってるというよりかは層になってる感じでしたね。これはやっぱり白癬菌……」「ちが……違います！　私、水虫なんかじゃないです!!」

最後に、私は体の重心が外側になってるとのことで、それを直すテーピングまでしてもらって大満足♡　そして帰り際に店長さんは私の目をしっかり見据えて言いました。

「長年角質に悩んでた人が、薬局で売ってる水虫の薬塗ったら、すぐに治ったってことよくあるんですよ？」と。

帰りに涙目で薬局に寄って、コソコソと水虫コーナーを物色して踵用水虫クリームを購入したんですが、塗り始めてから1週間、1週間前の削りたて赤ちゃん踵よりさらに瑞々しくなった踵を見て、私は思いました。ああ、コレ、間違いなく水虫だわ……。

水虫
まさか30年削り続けてきた
踵がただの水虫だったとは…！
私のように認めたくない気持ちは
分かるが心当たりのある人は
薬局の水虫コーナーへGOだ!!

20 自撮り界の女帝に学ぶレア講習会

終わりなき自撮りのムーブメントは世界中で日々変化しているから面白い。自撮り界の女帝、うしじまいい肉さんにその心得を聞きました！　どうやったら美しいボディラインを入手できるのか？　その秘密を解き明かす……。

ちょっと前に、オシャレな写真の撮り方を学んで即諦めた私ですが、今度はいい感じの自撮りの仕方について学ぶことにしました！

自撮りといえばこの人！　すげえゴチャついた汚い背景に、鍛えられた体のラインの自撮りを一度は見たことがある人も多いことでしょう。自撮り界の女帝うしじまいい肉さん！

うしじまさんいわく、自撮りでまず一番大切なことは「着替える前に鏡を拭くこと！」。確かに、キメキメの服装で、鏡をえっちらおっちら拭いてるとテンション下がりますもんね。

そして当日、うしじまさんが用意してくれた衣装は、スカジャンにチビT（チビTとしか言いようがない）にブルマ調ホットパンツ、ルーズソックスにメカニカルなスニーカー、首輪、レンズなしメガネ（謎棒としてこのコラムにも出てきましたね！）という「え……マジ……これ私が着るの……？」というアイテムたち。

しかし、これらを着てみると、あら不思議！　なんかこういうタイプのオシャレってあるよね！　って感じにまとまったのです。

この背景と体の対比が皆の心に残るのだ!!

うしじまプロデュース
大丈夫だった!!
なんかサイバー系令和ギャルっぽいオシャレ感じが!!
脚を前に出すことで足長効果!
小顔効果もある!!
腰を反らすことでウエスト細見え効果!!

チビT
首輪
ルーズ
ブルマ調ホットパンツ
レンズなしメガネ
大丈夫かコレ……？

私の私服
腰を入れる！ウエスト細見え効果！
カメラは上下逆さまにして足長効果！
服の裾をチラッと持ち上げるだけで急激に色っぽく！
でもこのポーズですらけっこうキツいぞ!!

うしじまさんは自撮りのプロであるとともに、独特のスタイリング能力でも知られていますからね。これが、うしじまプロデュースの力……。

そして早速、自撮りの講習会の始まり！　正面、横、後ろ振り返り、という流れで撮るのがおすすめとのことで、まずは正面から。正面ではとにかく腰を入れることが大事！　片足重心にして片方の腰を上げたら上半身を起こして、これだけでウエストがぐっと細く見えます。横向きのときも、なるべく腰を反らしてくびれを見せつける！

そして最後は、うしじまさんお得意の振り返りポーズ。まず全身が入る位置に立ったら、片足をなるべく鏡に近いところに置いて、さらにここが大切なんですが、携帯を上下反対にして撮る！　これだけでめっちゃ脚が長く見える！

そこからさらに服の端をチラッと持ち上げてみたり、メガネ（レンズなし）を触ってみたりと、動きをつけていくとよりいい感じに。

最後に、その日の私服でもレッスンをもとに撮影してみました。なんかちょっと色っぽく、スタイルよく見えることないですか⁉ 自撮りモチベ爆上がりです。

でもこれ、写真を見ると自然に立ってる感じのポーズに見えますが、実際はめっちゃキツい！ 腰を入れるのも反らすのも脚を伸ばすのも、きれいに見えるポーズってのはだいたい30代の運動不足の体に鞭を打つものです。

私は次の日に筋肉痛で寝込みました。みんなも体に無理のない範囲内でぜひやってみてね！

PART 3

FASHION

ファッションの正解って？ オシャレ底なし沼

目指すはモテよりオシャレ！　とは宣言したものの、不毛ないばら道は永遠に続いていく。

似合う？　着こなせる？　オシャレの正解って一体何!? そんな愚問がチラつく前に、今日もあれこれ果敢にチャレンジ。ときには苦痛や羞恥も伴うけれど、経験値だけは爆上がり!?

FASHION

21 リアルな#今日のコーデ裏事情とは⁉

すっかり地球規模で定着したSNSでの自撮り全身ショット。これって誰のため？　何のために発信しているのか？　みんなの気持ちとリアルな裏事情を探るべく、身を挺《てい》して＃今日のコーデ に挑戦！

＃今日のコーデ　とかつけて、ＳＮＳに全身写真をアップする人は意味が分からない。そんなことをしたら、もう二度とそのコーデでお出かけできなくなってしまうではないか。そもそもハズい。

というようなことを以前に書いたことがあるのだけど、それから時が経ち、やはり全身写真アップする人の気持ちがまったく分からなかったので、自分でもやってみることにした。

最初にやるのは、雑巾で靴の裏を拭くこと。土足で室内に上がるのは抵抗あるけど、紙を敷いてその上に立つのはダサすぎるし、かといって、屋外で一人で全身自撮りするような肝っ玉は持ち合わせていないため、苦肉の策として、靴の裏用雑巾というアイテムの誕生である。

次に、iPhone用の三脚を購入して、ハンズフリー自撮りアプリをダウンロード。

このアプリ、ポーズを変えて静止するたびに一枚撮ってくれるというものなのだが、顔の角度を変えるとかのちょっとした動作では「静止したまま」と認定されてしまうので、ポーズとポーズの間に両腕を大きく振りながら反復横跳びをして、アプリ

1

全身自撮りのための三種の神器
靴の裏用雑巾
全身自撮りアプリ
iPhone用三脚

2

靴の裏を雑巾で拭く…
せっ
せっ
汚水
この時点ですでにオシャレが遠のいていく音がする…

3

ポーズ
パシャー
反復横跳び
ホラ!!今!!
動いてるよ!? ね!?
シン…
ポーズ
パシャー
ハァ ハァ

4

ギャアーーッ!!
筆記体が読めない
ガクガク
ガクガク

5

という苦労を経て投稿された私の#今日のコーデ
普通…
周囲の反応も薄い
#今日のコーデ #mamekurogouchi
#descente

6

みんなマブダチ!!
ずっとかわいい鈴木えみ
#ootd
#オシャレさんとつながりたい
#いいね返し
#いいねくれたイ全員フォロー
Hard Rock CAFE
がんばる中高生

に動いてますよ、というアピールする時間が必要になる。

ポーズ↓腕振り反復横跳び↓ポーズの繰り返しだ。けっこう汗ばむ。こうして撮った写真から一枚を厳選したら、次がいよいよアップロードである。

まず、本丸の「#今日のコーデ」と入力する。かなりハズい。どこのどいつが私の今日のコーデを見たがっているのか、という疑問を殺すのに忙しい。

さらに、いちいちすべてのアイテムのブランド名も入力する。「ランバンってLANVANだよね……？　あれ？　何か違う？」となってタグを見るも筆記体で書かれていて読めずに絶望し、わざわざスペルを検索するという作業を経て、インスタに投稿された私の画像はというと、「……全世界に向けて発信するようなオシャレではなくないか？」という感じなのだが、それは前から私が「#今日のコーデ」に載ってるほぼ全員に対して思っていたことだ。

でも、そんな大したオシャレでもないようなコーディネートの裏側に、靴の裏を雑巾で拭き、反復横跳びをした後、ブランドのスペルを検索するなどの涙ぐましい努力があることに想いを馳せれば、もうコーディネートがオシャレだとかオシャレじゃないとかはどうでもいいのだ。

今日のコーデを載せてるヤツは、芸能界オシャクイーンこと鈴木えみからGUでがんばってる中高生まで、全員同じ苦労を経験し、同じ羞恥心を乗り越えたマブダチだ。

人としての新たなステージに立ちたいのなら
滝行よりも全身自撮りをSNSにアップだね!
イマジナリーフレンドもふえるぞ!!

FASHION

22

カジュアル黄金比の発見について

ネット環境さえあれば、靴を履かなくても買い物ができて会社にも通えちゃう！
そんなニューノーマルの到来で、お出かけの機会は減ってきてしまったけれど、いつもと違うアイテムで気分を変えれば、フレッシュな自分が発見できるかも？

常にスカート！　Tシャツなんて一枚も持ってない！　足元はもちろんヒール‼という無駄にドレッシーな服装、略して無駄ドレで毎日を過ごしている私ですが、無駄ドレって本当に男ウケが悪いんですよね。

今まで元彼たちに、「ジーパンとかはかないの？」「今日歩くっつってるのになんでヒール履いてくるんだよ」「もうちょっとTシャツとか普通の服装しなよ」と言われるたびに、「うるせー!! 絶対にそんなもん着ねえからな!!」と、カジュアル女子好き男だけに留まらず、ニット帽やらパーカーやらのカジュアルなアイテム自体を憎む尖《とが》ったナイフのような心になりました。

ところが今の夫は、私がどれだけ高いヒールを履こうが、どれだけデカいピアスをつけようが、近所の公園に行くだけで小振袖を着ようが、「今日もかわいいね♡」「似合うね♡」と言う、よくできた男なので、私のカジュアル嫌いの呪いが徐々に解けてきました。

そのタイミングを見計らったかのように、スニーカーオタクの夫にスニーカーをプレゼントされたのです。

せっかくだから一度くらいは履いてあげないと申し訳ないからな、とコーデを考え

1

カジュアル反抗期
ニット帽ぉ？、パーカァぉ？、ペッ！
んなもんぜってー着ねえ!!

2

よく訓練された男
ピアスかわいいね♡
ヒールも似合うね♡
オシャレだね♡
ところでプレゼントがあるんだけど……

3

プラスカジュアルで毎日がドレス
マルジェラのドレスにadidasのスーパースター
レースのセットアップにY-3の靴下
mameのドレスにSWATキャップとベスト
SWAT
Y-3
Y-3

てみたら、これはさすがに大規模なパーティーとかにしか着て行けないだろと思ってクローゼットの奥に長らく格納されてたドレスにスニーカーを合わせたところ、いい塩梅《あんばい》でカジュアルダウンされて、街着として使用できるようになったんです。

さらに、かわいいから買っちゃったけど、デザインがプリティーすぎて着づらいな、と思ってたトップスに、あれだけ憎んでいたパンツを合わせてみたら違和感なく着られるように。

プリンセスかよ、というスカートも大嫌いだったTシャツを合わせると、これまた違和感がないんですよね。こうして、カジュアルな服は便利だということに30後半にして気づくことになりました。

一生着る機会はないと思ってたキャップやスウェットなど、家にどんどんカジュアルなアイテムが増えてきて、私はもうこのままネルシャツにプリントTとか着る人間になってしまうのかとちょっとビビっていたのですが、逆に「このコレクションラインのドレス、スニーカーとMA－1合わせれば街着にできるんじゃね？」などと、今まで手を出さなかったレベルの超ドレッシーな服も合わせてどんどん増える事態に。

　きな粉にちょっとお塩を入れると甘さがより引き立つように、少しのカジュアルアイテムの投入で、さらに毎日がドレスドレスした服装になりつつある我が人生に一片の悔いなし！

カジュアルが
こんなに便利だなんて…
みんな知ってたかも
しれないけど私は
知らなかったよ!!

FASHION

23

個の極み？無駄ドレ生活のススメ

いつもと違う服を選んだり、新しく買ったものを身につけるときのワクワク感……。それによって、すごく自信がついたり、落ち込んだりと一日のテンションが決まるものではないでしょうか。攻めの一手で個を極める、貪欲美人ちゃんのケースとは？

シルクサテンにファーに10センチヒールにデカいアクセと、無駄にドレッシー、略して無駄ドレ生活を送っている私ですが、憧れはずっとあるもののどうしても手を出せないドレッシーアイテムがありまして、それがヘッドドレスです。

ヘッドドレスは超かわいい。これに異論を唱える女子はいないでしょう。造花にリボンにフェザーにアンティークのレースにネット。シンプルなワンピにつけるだけでパッと華やぐし、コテコテのドレスにつけると全身のバランスが良くなるし。

なので、コレクションではよく見かけるものの、街中でヘッドドレスをつけてる人なんて見たことないし、つけて出かけたら周りの人にジロジロ見られるであろうヘッドドレス。

そもそもヘッドドレスなんてどこで売ってんだ？　と思っていたら、ちょうど伊勢丹の催事でヘッドドレスコーナーが設けられており、「かわいい……でもこれつけて飲み会とか行ったら『それ……どうしたの？』とか聞かれるんじゃ……」とうじうじしている私に、売り場にいたヘッドドレス作家さんが言いました。

「ヘッドドレスは着物と同じですよ！　最初はちょっと着るの恥ずかしいかもしれないけど、何度か着れば普段着になってくるし、ヘッドドレスつけて3回同じ人に会え

1

2

3

4

3回で慣れる!!
2回目
恥ずかしくなんてねーし!!
1回目
ドキドキ…
3回目
あっコレ?
かわいいっしょ?

5

2018 MET GARA
アンバー・ハードの後光ヘッドドレス!

6

いまや後光をつけて平然と電車に乗る私…
次は銀座線に乗り換え…と
ガタン
ゴトン…

ば、もう『ああ、この人はこういう人なんだな』と思われて、何も言われなくなります！」と。

まさにその日も、着物を普段着として意味なく着用していた私のハートに、そのセリフはズキュンと刺さって、気がついたら初めてのヘッドドレスを購入していましたよね。

ヘッドドレスを装着しての初外出は、「今日ヘッドドレスつけていこうと思ってるんだけど……いいかな？」と事前に友人にＬＩＮＥで確認するほどだったんですが、２回目からは「別に私がヘッドドレスつけてても、誰に迷惑かけるわけじゃねーだろ！」と開き直り、３回目ともなると「あっ、そういえば今日ヘッドドレスつけてたね。かわいいっしょ？」というテンションに。

あっという間に私のヘッドドレスコレクションは増えて、最近は２０１８年のメットガラでアンバー・ハードがつけていて、世の女子たちの胸をドキュドキュにときめかせた後光ヘッドドレスをつけて、平然と電車に乗るようにまでなりました。

　無駄ドレの境界線をまた一歩越えた気分です。次はどんなドレッシーアイテムを解禁しちゃうんでしょうか。我ながら未来の自分に戦々恐々です。

アンバーハードの後光
ヘッドドレスはなんと
結束バンドで作られて
いるそう。アイディア賞！

FASHION

24 醤油こぼしてもノーダメージ！ケア楽ちんな黒との別れ

パターンや生地の組み合わせで最もスタイリングの失敗が少ないといわれる「黒」。ファッションビギナーから上級者まで、表情豊かに私たちを魅了し続けるブラックカラーがちょっぴり食傷気味なとき、みんなは一体どんな服を手にしてる？

黒。黒はすごい。安い生地でもそれなりに高そうに見えるし、結構奇抜なデザインでも悪目立ちしないし、２日連続同じ服着ててもバレないし、何より醤油をこぼしてもノーダメージ!!

ちなみに、服飾専門学校生は入学式がみんな一番奇抜カラフルな服装をしていて、徐々にシンプルな服になっていき、卒業する頃にはみんな全身黒のギャルソンかマルジェラになっているという謎の伝統もありまして、というわけで服飾専門卒の私のクローゼットは黒一色だったのですが、どうも黒ばかりだとどうしてもオシャレな人カーストで上位に食い込むことに限界があることに気付きました。

アナ・ウィンターも黒い服オンリースタイリングをやめたことだし、私も一念発起ですよ。そこでまず、私は白を取り入れることにしました。

モノトーンコーデならスタイリング能力底辺の私でもなんとかなる！　ただ白い服は一度醤油がこぼれるともうダメになってしまうので、醤油がこぼれたはしから捨てていったらまた黒い服しか残らなくて、ハイ、最初からやり直し！

そこで今度は思い切って真っ赤な靴を買ってみました。早速、手持ちの黒い服一式と合わせてみたのですが、いかにも「全身ブラックコーデに赤で差し色をしてる人」っ

1

二日連続同じ服でもバレない!!
醤油をこぼしてもノーダメ!!
ドボボ
便利すぎるぞ黒!!

2

入学式
卒業式
BLACK

3

アァーッ! また醤油をこぼした!!
どんどん減っていく白い服……

4

全身ブラックコーデに赤で差し色をしてる人
ダサい!!

5

グレーは幅広く色を受けとめてくれる!!

6

ここに来るまでに10年かかった……

ぽく見えて、あまりのダサさに、我ながら怖気《おぞけ》が止まりませんでした。そして、次に私が手を出したのがグレーです。

黒とグレーならスタイリングも簡単だし、グレーの服に赤い靴を履いても「差し色!!」感が薄れてくれる。あとグレーって意外と何色にも合うもので、なんでもないグレーのワンピに黄色のショールを巻いてみたり、薄ピンクのジャケットを合わせてみたり……。

こうやって「大丈夫……色を使うのは怖いことじゃないよ……」と、荒くれた野生動物をなだめるように少しずつ少しずつ色を増やしていって、今やクローゼットを開けると目に飛び込んでくるのはどピンクのコート！ 原色緑のワンピース！ 真っ黄色のヒールスニーカー！ 虎柄のセットアップ！ 蛾《が》の刺繍入り水色のライダース！ と、脆弱《ぜいじゃく》な人だったら目が潰れるようなクローゼットになりました♡

ここに至るまで、己にこれ以上黒い服を買うことを禁じて、実に10年の時間がかかりました。もう色×色、柄×柄の組み合わせも怖くない！

あと、刺し身を食べるときは、ちゃんと醤油皿を持って気をつけて食べれば、そこまで醤油は服にこぼれないことも発見しました。

MILK
たまーに黒を
着てみるとやはり
どうしても心が
落ち着くもの
ですね

*本書は、『Numéro TOKYO』（扶桑社）の連載、峰なゆかの「ふんいき美人ちゃん」から
2020年5月号〜2023年7・8月合併号を一部加筆修正してまとめました。
掲載されている情報や価格は取材当時のもので、現在とは異なっている場合があります。
ご了承ください。

PROFILE

峰なゆか
NAYUKA MINE

漫画家。『アラサーちゃん 無修正(1〜7巻)』(SPA!コミックス)、『アラサーちゃん』(KADOKAWA)は累計70万部突破のベストセラーに。そのほか主な著書に『女くどき飯』、育児漫画『わが子ちゃん(1〜4巻)』、自伝的漫画『AV女優ちゃん(1〜5巻)』(すべてSPA!コミックス)など。雑誌『Numéro TOKYO』にてイラストエッセイ「ふんいき美人ちゃん」を連載中。

ブックデザイン　西垂水敦・市川さつき（krran）
DTP　伏田光宏（F's factory）
編集　新藤友紀子（Numéro TOKYO編集部）

貪欲美人ちゃん

発行日　2024年1月24日　初版第1刷発行

著　者　峰なゆか
発行者　小池英彦
発行所　株式会社 扶桑社
〒105-8070
東京都港区芝浦1-1-1　浜松町ビルディング
03-6368-8890（編集）
03-6368-8891（郵便室）
www.fusosha.co.jp
印刷・製本　大日本印刷株式会社

定価はカバーに表示してあります。

造本には十分注意しておりますが、落丁・乱丁（本のページの抜け落ちや順序の間違い）の場合は、小社郵便室宛にお送りください。送料は小社負担でお取り替えいたします（古書店で購入したものについては、お取り替えできません）。

なお、本書のコピー、スキャン、デジタル化等の無断複製は著作権法上の例外を除き禁じられています。本書を代行業者等の第三者に依頼してスキャンやデジタル化することは、たとえ個人や家庭内での利用でも著作権法違反です。

@Nayuka Mine 2024 Printed in Japan
ISBN978-4-594-09617-5